갈등연구방법론

갈등연구방법론

초판 1쇄 펴낸날 | 2021년 3월 31일

지은이 | 이선우·조은영·임다희
펴낸이 | 류수노
펴낸곳 | (사)한국방송통신대학교출판문화원
　　　　03088 서울특별시 종로구 이화장길 54
　　　　전화　1644-1232
　　　　팩스　02-741-4570
　　　　홈페이지　http://press.knou.ac.kr
　　　　출판등록　1982년 6월 7일 제1-491호

출판위원장 | 이기재
편집 | 마윤희·이민
본문 디자인 | (주)동국문화
표지 디자인 | 최원혁

ISBN　978-89-20-03985-0　93350
값　16,000원

Research Methodology for Conflict Studies

갈등연구방법론

이선우 · 조은영 · 임다희 공저

에피스테메
EPISTEME

　과거와 비교하였을 때 현재 우리 사회에서 발생하는 갈등은 발생원인, 유형, 전개방향, 이해관계자 등이 매우 다양하다. 갈등은 순기능과 역기능 모두 존재하지만, 순기능보다는 갈등으로 인한 사회·경제적 비용 초래, 사회통합의 저해 같은 역기능이 더 강하게 드러나고 있다. 이에 정부 및 연구기관에서는 갈등에 대한 자료를 축적하고 연구를 수행하면서 갈등의 긍정적인 기능을 강화하고자 노력하고 있다.

　갈등자료는 다양한 방식으로 축적되고 있다. 그렇지만 갈등을 관리하는 기관에서만 축적하고 있을 뿐 적극적으로 활용하지는 못하고 있는 상황이다. 또한 일반에 공개되지 않는 갈등자료도 많다. 반면 한국방송통신대학교 공존협력연구소에서는 다양한 수준에서 공공갈등자료를 축적하고 이를 일반에 공개함으로써 갈등자료에 대한 접근성을 높이고자 노력하고 있다.

　이러한 노력에도 불구하고 아직까지 이들 자료의 활용이 미비한 것은 이용자들에게 제공되는 자료를 학술적·정책적으로 재구성하여 활용할 수 있는 구체적인 방안을 알지 못하기 때문으로 판단된다. 이에 갈등자료의 적극적인 활용을 통해 우리 사회가 직면한 갈등의 역기능보다는 순기능을 활용한 사회의 통합과 발전을 위한 학문적 토대 및 정책적 방안을 마련할 필요가 있다. 이를 위해서는 갈등자료의 활용방안을 안내할 필요가 있으며, 갈등분야의 활발한 연구와 적실한 정책이 수립될 수 있도록 해야 한다. 다시 말해 갈등자료가 자료 자체로 머무르는 것이 아닌 현실에 적합한 처방을 제공하고 갈등연구의 발전에 기여할 필요성을 인식하기 위해서 이 〈갈등연구방법론〉을 집필하였다.

〈갈등연구방법론〉은 갈등을 공부하거나 연구하고자 하는 학생과 연구자가 갈등을 주제로 논문이나 보고서 등을 작성함에 있어 어떻게 연구할 수 있는지에 관한 연구방법론을 안내하는 데 그 목적을 두고 있다.

갈등은 유기적인 특성을 지니고 있어 표준화 된 연구가 어려우며, 변화하는 상황을 파악하고 판단하는 세심한 기술이 필요하다. 따라서 이 책에서는 갈등과 관련한 연구보고서와 논문을 어떻게 작성하고, 또 단계별로 필요한 연구방법론이 무엇인지에 대해 안내하고자 한다. 즉, 갈등 관련 연구를 진행함에 있어 필요한 정보를 어떻게 습득하며, 공개된 자료와 홈페이지를 활용하여 자료를 어떻게 만들고 작성할 수 있는지에 관한 도움을 줄 수 있을 것으로 기대한다.

이 책이 지닌 학술적 가치는 다음과 같다. 공공정책의 추진과 관련하여 발생하는 다양한 갈등을 주제로 다룬 연구들은 주로 사례를 중심으로 연구되어 왔다. 이는 개별사례가 지닌 특수성으로 다양한 사례가 제공되고 공개되어 있다. 그렇지만 개별사례를 사용하는 방법과 사례 간 비교연구방법, 방대한 자료를 종합하여 통계기법을 활용하는 방법은 설명되어 있지 않다. 이에 〈갈등연구방법론〉은 실제 갈등사례를 연구보고서나 논문에 어떻게 활용하는지 그 방법을 제시하는 데 큰 의미를 둔다. 또한 갈등을 연구하고자 하는 연구자들에게 갈등을 연구하는 방법을 설명한다는 데 가치가 있다. 이 책을 통해 갈등과 관련한 현장연구가 활발하게 이루어지고 다양한 사례와 자료가 활성화되어 갈등연구의 저변이 확산되기를 바란다.

우리나라에서는 2000년대 초부터 행정학과를 중심으로 갈등관리론 수업이 시작되었다. 갈등에 관한 현상에서 출발하였기에 이론적 기반 없이 갈등사례의 축적부터 시작해야 했다. 즉, 어떻게 사례를 축적하여 분석하고 함의를 찾아야 하는지에 대한 학문적 기반이 없는 상태였다. 점차 여러 사례가 모이고 학술활동도 활발해졌지만, 학문의 방법론은 여전히 취약한 상황이다. 그동안 한국 갈등학회를 창립하고 이끌어 오면서 학문과 현장에서 오랜 경험과 지혜를 쌓은 공존협력연구소(소장 이선우)에서 갈등현상의 학문적 기반이 될 좋은 방법론 책을 내어 주어 그 누구보다 감사하고 기쁘게 생각한다. 부디 이 책이 널리 활용되어 갈등의 학문적 발전이 깊어지기를 기대해 본다.

김광구(경희대학교 행정학과 교수)

갈등에 관한 공부를 시작하려는 학생이나 갈등담당 공무원들로부터 입문서로 삼을 교재를 추천해 달라는 요청을 많이 받고 있지만, 그때마다 마땅히 권할 만한 책을 떠올리기가 쉽지 않았다. 이 책은 갈등연구 초보자에게 어디서부터 어떻게 시작해야 할지를 구체적인 사례와 방법을 활용하여 알려 주고 있다. 간결하지만 꼭 필요한 내용들만 담은 이 책은 갈등연구방법의 길라잡이가 되어 주기에 부족함이 전혀 없다.

심준섭(중앙대학교 공공인재학부 교수)

우리나라에 갈등관리가 본격적으로 자리 잡게 된 시점은 대략 2006년이라고 할 수 있다. 노무현정부 시절, 제4기 대통령자문 지속가능발전위원회가 출범하면서 갈등조정특별위원회를 발족시킨 것이 계기이다. 그로부터 15년이 지난 지금, 한국의 갈등관리는 얼마나 성장하고 성숙했는가? 아직 법제적 기반이 부족하고 갈등관리 시장도 형성되지 못했지만 갈등예방과 해결을 위한 이론과 실천은 오늘도 끊임없이 교직한다. 공존협력연구소가 펴낸 〈갈등연구방법론〉도 그렇게 만들어진 결실이다. 갈등예방과 해결, 나아가 전환을 시도하는 모든 현장에 유용한 지침서가 될 것이다.

은재호(한국행정연구원 선임연구위원)

한국방송통신대학교 공존협력연구소의 〈갈등연구방법론〉 출간을 진심으로 축하한다. 한국사회를 '갈등공화국'이라고 말할 때 문제는 갈등 그 자체가 아닌 갈등대응의 후진성에 있다. 갈등은 순기능과 역기능을 갖고 있고, 다원화된 민주사회에서 갈등은 필연적이며 사회발전의 자양분이기도 하다. 갈등의 순기능을 확장하려는 첫 출발은 갈등자료(data) 축적과 활용에 있다. 이 책은 갈등정보서비스 · 언론 모니터링 등을 통한 갈등자료 활용과 갈등지도 · 갈등체크리스트 등 갈등진단과 해결책을 모색하는 방법론을 담고 있어 갈등연구에 관심이 있는 학생 및 연구자, 공공기관의 갈등관리 종사자에게 유익한 시사점을 주리라 확신한다.

이강원((사)한국사회갈등해소센터 소장)

우리는 항상 평화로운 삶을 꿈꾸지만, 태어난 순간부터 죽음에 이르기까지 갈등 없는 삶이란 불가능하다. 지금 이 순간 아주 잠깐이라도 각자가 직면하고 있는 갈등을 떠올려 본다면, 아마도 대부분의 사람들이 가정에서의 갈등부터 직장에서의 갈등, 그리고 지역사회와 관련된 갈등까지 2~3개 이상의 갈등을 쉽게 생각해 낼 것이다. 이러한 갈등은 내용과 규모, 상대방의 수와 성격 등에서 특정 유형으로 정형화하기 어려울 정도로 다양하고 복잡하며 해결방안에 대한 접근에도 정답이 없다. 특히 많은 수의 사람들과 서로 다른 이해관계를 지닌 여러 기관이 연관된 공공갈등에 직면하면 그 실타래를 어디서부터 풀어야 할지 알기 어려울 정도로 난감할 수 있다. 이러한 상황에서 〈갈등연구방법론〉은 어떠한 문제부터 살펴보아야 하는지 그 첫걸음을 내디딜 수 있도록 안내하는 좋은 지침서라고 생각한다.

장원경(이화여자대학교 스크랜튼학부 교수)

갈등은 흔히 부정적인 것으로 보이지만, 우리 삶의 여러 노정에서 언제나 다양한 모습으로 공존하고 있다. 그러므로 오늘날 사회를 살아가고 있는 지식인에게는 사회의 여러 갈등에 대해 이해하고 본질을 탐구할 수 있는 역량이 필수적이라 할 수 있다. 갈등에 관한 도서들은 다양하게 출간되어 있지만, 주로 갈등의 현상적 특성에 주목하는 경우가 많았다. 사회현상의 합리적 이해와 과학적 자료수집은 우리 사회에 대한 이해를 깊게 할 수 있는 출발점이 된다. 이 책은 갈등을 이해하는 것에서 벗어나 관련된 여러 내용을 자료로 구성하여 과학적으로 연구하는 기반을 마련할 수 있다는 점에서 학술적 의의가 크다고 하겠다.

조경훈(한국방송통신대학교 행정학과 교수)

차례 ————————————————————————————————

제1장 / **학술자료의 개요**

제2장 / **갈등 모니터링 자료**

제 1 장

학술자료의 개요

현대사회는 정보의 홍수 가운데 있으므로 연구자는 수많은 자료 중에서 자신의 연구목적에 적합한 자료를 선택하고 활용할 수 있는 능력을 갖추어야 한다. 즉, 연구자에게 요구되는 역량 중에서 자료를 선택하는 역량은 연구의 출발점이자 근본인 셈이다. 이러한 역량을 갖추기 위해 연구자는 가장 먼저 자료의 개념과 특징을 이해하고 선택한 자료를 활용할 수 있도록 학습해야 한다. 자료의 활용능력은 연구능력과 일맥상통한다. 연구자가 지닌 사회현상의 통찰력과 직관이 연구로 이어지기 위해서는 적합한 자료를 수집하고 그 자료를 연구에 적절하게 활용할 수 있어야 하는 것이다.

이 장에서는 학술자료의 개념, 갈등연구에 활용할 수 있는 자료의 종류 및 특징 등을 살펴보고 자료의 접근방법에 대해 다루고자 한다.

1.1 학술자료 개념

학술자료의 개념 정의에 앞서 먼저 자료에 대한 개념 정의를 하고자 한다. 자료란 각종 현상을 일정한 값으로 측정하여 얻은 내용을 담고 있는 것이다. 좀 더 구체적으로는 관찰 또는 측정을 통해 수집된 것으로 가공되지 않은 상태를 의미하며, 일반적으로 수치화된 형태로 나열된다.

학술자료는 연구영역에서 활용되는 자료를 의미한다. 소극적 의미에서는 논문을 지칭하지만 광범위하게는 학술연구를 위해 활용되는 다양한 형태의 자료가 모두 포함된다. 학술자료의 종류[1]는 자료의 속성, 자료의 수집방법, 자료의 종류 등에 따라 구분할 수 있다.

첫째, 자료의 속성에 따른 구분이다. 자료의 속성에 따라 양적 자료와 질적 자료로 나뉘는데, 양적 자료는 수치화된 자료로서 자료의 선호나 순서에 대한 정보를 담고 있다. 설문조사를 통해 수집된 자료가 대표적이지만 통계분석을 위해 수치로 측정한 자료도 포함된다. 양적 자료는 일반적으로 통계분석방법을 적용하여 연구에 활용된다. 질적 자료는 양적인 의미가 없는 자료로서 주관적 인식에 대한 응답과 같은 것이다. 수치화된 자료에서 확인할 수 없는 주관적 인식에 대한 자료, 이슈에 대한 특정 집단(개인)의 의견을 확인하고자 할 때 사용된다. 질적 자료의 대표적인 예는 인터뷰 또는 설문문항에서 주관식 응답이다.

---

1 학술자료의 종류에 대해서는 1.2 학술자료의 종류 및 특징에서 보다 자세하게 다룬다.

둘째, 자료의 수집방법에 따른 구분이다. 자료는 그 수집방법에 따라 1차 자료와 2차 자료로 구분할 수 있다. 1차 자료는 연구자가 연구를 수행하기 위해 직접 수집한 자료로서 raw data라고도 한다. 2차 자료는 타 연구에서 활용된 자료를 재인용하는 것으로 직접 수집이 아닌 수집된 자료를 재활용한 것이기 때문에 간접 수집으로 이해할 수 있다. 2차 자료의 경우 타 연구자(또는 연구기관)가 수집한 자료이기 때문에 수집된 자료의 한계로 인해 연구자가 추정하고자 하는 바를 그대로 연구에 실현하지 못할 수 있다는 점에서 한계가 존재한다. 또한 2차 자료를 사용할 때에는 출처를 분명히 밝혀야 한다는 점을 주의해야 한다.

셋째, 자료의 종류에 따른 구분이다. 여기서 자료의 종류는 학술자료의 다양한 형태를 의미한다. 학술지, 연구보고서, 도서, 정책자료, 신문기사 등 학술연구를 수행하는 데 활용되는 각종 자료가 포함된다. 사실상 학술자료는 연구자의 주관에 따라 활용되기 때문에 연구 범위에 포함되는 모든 자료가 학술자료인 셈이다. 이때 주의할 점은 연구로 활용하기 위한 모든 자료는 객관적 사실에 입각한 자료이어야 한다는 것이다. 따라서 개인의 주관과 같이 입증되지 않은 사실에 대한 자료 활용은 경계해야 한다. 현대사회는 온라인 매체를 통한 정보의 홍수 속에서 검증되지 않은 자료 역시 크게 증가하고 있다. 그러므로 연구자는 검증되지 않은 자료 활용을 경계하고 공신력 있는 기관이 제공한 자료를 활용

해야 할 것이다.[2]

학술자료가 일반적인 자료와 뚜렷이 구분되는 차별점이 있는 것은 아니다. 연구자가 자신의 연구에 활용하고자 하는 모든 자료를 학술자료로 이해할 수 있다. 다만, 학술적 가치가 있는 자료는 일반적인 자료와 달리 인과관계에 대한 규명과 이를 토대로 학문적 발전에 기여해야 학술자료로 인정받을 수 있다. 즉, 학술자료로 다양한 유형의 자료를 활용하는 것은 연구자의 재량이지만 학술자료로 인정받는 것은 이론적·방법론적 발견이나 기여 또는 연구자료로 활용될 만한 가치가 있다고 판단되는 것이다.

1.2 학술자료의 종류 및 특징

학술자료는 학문적 기여가 있는 자료로서 연구자의 연구를 통한 유의미한 결과물이 포함된 자료이다. 즉, 연구자가 다양한 자료를 활용하여 학술연구를 수행하고, 이를 토대로 발견된 사항을 정보로 정리한 결과물이 명확한 의미의 학술자료라 할 수 있다.

---

2   유사하게 최근에는 '가짜 뉴스'가 사회문제가 되고 있다. 이처럼 검증되지 않은 자료의 활용은 항상 주의가 필요하다.

이러한 학술자료는 두 가지 차원에서 접근할 수 있는데 첫째, 학술연구를 위해 활용되는 자료, 둘째, 학문적 발견물이 결과로 정리된 자료이다. 이를 기준으로 학술자료의 종류와 특징을 살펴보고자 한다.

1 학술연구를 위해 활용되는 자료

학술연구를 위해 활용되는 자료는 연구자의 연구성향, 연구주제 등 다양한 요소에 따라 결정된다. 하지만 학술연구를 위해 활용되는 자료는 신뢰할 수 있는 기관에서 발간된 자료나 출처가 분명한 자료이어야 한다. 학술연구를 위해 활용되는 자료는 광범위하며 기준에 따라 다양한 유형으로 나눌 수 있다. 이 책에서는 자료의 유형을 기준으로 살펴보고자 한다.

첫째, 양적 자료와 질적 자료이다. 양적 자료와 질적 자료를 구분하는 대표적인 기준은 자료의 수치화 여부이다. 즉, 자료가 수치로 표현되면 양적 자료로, 수치로 표현되지 않는 경우에는 질적 자료로 구분하는 것이다. 양적 자료는 수치화된 자료를 의미하고, 자료를 숫자로 표현할 수 있거나 수치로 표현된 자료로 얻을 수 있다. 이러한 양적 자료는 연속형 자료와 이산형 자료로 구분된다. 연속형 자료는 키, 몸무게 같은 연속된 수치가 있는 자료이며 이산형 자료는 자녀 수, 교통사고 건수 등의 자료이다. 질적 자료는 숫자로 표현할 수 없는 자료이며 범주형 자료이다. 예를 들어, 남성과 여성, 거주 유형 등이 범주형 자료이다. 실제 연구에서는 이들 변수가 숫자로 표현되기는 한다. 가령 남성은 ①, 여성은 ②로 숫자가 부여되는데 이 숫자는 단지 구분을 위한 목적이며 숫자가 갖는 산술적 의미는 없기 때문에 질적 변수에 포함된다. 또한 질적 자료는 수치화되지 않는 자료를 의미한다. 대표적으로 인터뷰 자료, 설문조사의 주관식 항목 등이 있다.

둘째, 1차 자료와 2차 자료이다. 이는 자료의 직접 수집과 간접 수집을 기준으로 구분한 것이다. 연구자는 연구에 필요한 자료 수집을 직접 수행할 수도 있고 이미 구축된 자료를 재활용(재인용)할 수도 있다. 1차 자료는 기존에 없던 자료를 연구자가 직접 수집하고 데이터로 구축하여 연구에 활용하는 것이다. 또한 1차 자료는 수집된 자료를 가공하지 않은 채 원자료(raw data) 그대로 활용한다는 의미로 쓰이기도 한다. 1차 자료의 대표적인 예로 설문조사가 있다. 설문조사는 연구자가 확인하고자 하는 인과관계를 구조화된 설문지로 구성하여 연구 대상에게 직접 설문을 실시하는 것이다. 설문을 통해 수집된 응답자료를 활용하여 연구를 수행하는데, 활용된 자료는 기존에 존재하지 않던 자료로서 연구자가 연구를 수행하기 위해 새롭게 구축한 자료이다. 또한 수집된 자료의 재가공이 없는 원자료를 그대로 활용한다. 1차 자료는 연구목적에 적합한 설문설계가 가능하고 조사 대상자를 직접 선정할 수 있기 때문에 연구자의 연구목적에 따라 연구수행이 가능하다는 장점이 있다. 하지만 구조화된 설문지에 대한 검증이 있어야 하며, 표본의 수 확보, 직접 자료수집의 한계(시간적·공간적)로 인해 개인연구자가 1차 자료를 구축하여 활용하는 것은 시간적·재정적 제약이 존재한다.

2차 자료는 기존에 활용된 타인의 자료를 연구자가 가공하여 활용하는 자료이다. 이에 출처가 연구자에게 있지 않고 기존에 연구를 수행한 선행연구자에게 있다. 원자료를 제공받을 수 있는 경우 개인연구자가 직접 자료를 구축하는 것보다 시간적·재정적 비용이 절약될 수 있다. 또한 공신력 있는 기관에서 제공한 자료를 활용할 경우 자료의 질적 수준이 보장되어 있으므로 연구성과에도 긍정적인 기여가 가능하다. 하지만 원자료를 제공받지 못하고 공개된 자료만을 활용하여 연구를 수행할 경우에는 자료 접근에 한계가 있기 때문에 연구수행에 제약이 존재할 수 있다. 따라서 연구자는 연구의 목적, 범위 등을 고려하여 1차 자료를 활용할 것인지 아니면 2차 자료를 활용할 것인지 판단해서 연구를 수행해야 한다.

최근에는 국가기관을 중심으로 다양한 형태의 설문자료가 무료로 제공되고 있다. 통계청에서 운영하고 있는 국가통계포털(www.kosis.kr)에서는 다양한 국내외 통계를 확인할 수 있다. 이외에도 국책연구기관에서는 다년간의 추적조사를 통한 패널자료를 구축하여 설문문항, 데이터, 조사설계 정보 등을 홈페이지를 통해 공개하고 있다. 이렇게 공개된 자료를 활용하여 연구자는 연구주제, 목적 등에 맞게 다양한 연구를 수행할 수 있다. 특히 패널자료의 경우 개인연구자 수준에서는 수집하기 어려운 다년간 자료가 구축되어 있기 때문에 추적조사가 가능하다. 가령 정책개입 여부에 대한 효과를 살펴보고 싶다면, 정책개입 전후 연도와 수혜집단 여부 등을 재코딩하여 정책집행의 효과를 확인할 수 있다. 대표적인 패널조사는 국가에서 실시하는 인구주택총조사이다. 우리나라는 1925년 최초로 인구총조사가 실시된 이래 2015년까지 총 19차례 수행되었으며 2020년에 20회를 맞이하였다. 다만, 일

[그림 1.1] 한국복지패널 홈페이지

반적으로 패널조사는 동일한 사람을 대상으로 주기적 조사가 실시된다는 점에서 다소 차이가 있다. 이러한 유형의 패널자료로 대표적인 것이 한국복지패널[3]이다. 한국복지패널은 2006년부터 2019년까지 매년 설문조사가 수행되었다. 매년 동일한 사람을 추적하여 조사가 이루어지며, 신규로 편입되는 표본과 제외되는 표본이 있다. 모든 표본에 고유번호를 부여하여 데이터로 구축되기 때문에 연구자는 동일 표본만을 대상으로 다년간 누적된 데이터를 활용하여 연구수행이 가능하다.

2 학문적 발견물이 결과로 정리된 자료

학문적 발견물이 결과로 정리된 자료를 학술연구라고 부른다. 학술연구에는 다양한 형태가 있으나 일반적으로 학술지, 연구보고서, 저서 등이 포함된다.

첫째, 학술지는 이론모형을 기반으로 실증연구를 수행하여 발견된 결과물을 정리하여 전공분야에 대한 학문적 발견물이 제시되어 있는 성과물이다. 학술지는 학회에서 정기적으로 발간하는 학회지에 실리는 연구로 정의할 수 있다. 학회지 편집위원회의 심

---

3 패널조사는 국책연구기관을 중심으로 조사 및 공개되고 있다. 한국복지패널, 한국노동연구원의 노동패널, 한국여성정책연구원의 여성가족패널 등이 있다.

사를 거쳐 게재 여부가 결정되고 게재가 결정된 연구가 학술지로 인정받는다. 학술지에 따라 틀이 상이하지만 일반적으로 서론, 이론적·제도적 논의, 선행연구, 연구설계, 분석결과, 결론(연구의 함의)이 포함된다. 학술지에서 활용되는 자료는 양적 자료와 질적 자료 모두 포함되는데 연구자의 연구목적에 따라 양적 자료만 활용되거나 질적 자료만 활용되기도 한다. 이렇게 활용되는 자료의 유형에 따라 양적 연구 또는 질적 연구라고 부르기도 한다. 또 양적 자료와 질적 자료가 모두 활용되는 연구도 있는데 이런 경우를 혼합연구라고 한다. 우리나라는 한국연구재단에서 인정한 등재지와 등재후보지에 한정해 학술지라고 한다. 2021년 한국연구재단에 등재되어 있는 학술지는 분야별로 총 2,217건이고, 등재후보는 총 314건이다. 그중 사회과학 분야에서 등재학술지는 812건, 등재후보는 116건이다.

〈표 1.1〉 등재 및 등재후보 학술지 총괄 현황(2021년도 기준)

구분	인문	사회	자연	공학	의약학	농수해	예술체육	복합학	계
우수등재	13	23	6	13	7	5	3	2	72
등재	539	812	104	216	256	69	123	98	2,217
등재후보	50	116	13	24	54	7	25	25	314
계	602	951	123	253	317	81	151	125	2.603

출처: 한국연구재단 홈페이지

한편 학술지는 국내학술지 외에 국제학술지도 있는데 학술논문 분류기준에 따라 국제전문학술지, 국제일반학술지, 국내전문학술지, 국내일반학술지로 구분할 수 있다. 국제전문학술지는 A&HIC, SSCI, SCI, SCIE, Scopus 등에 등재되어 있는 학술지이다. 국제일반학술지는 국제전문학술지에 포함되지 않은 국제학술지이다. 국내전문학술지는 KCI(한국연구재단) 등재(후보)학술지이고, 국내일반학술지는 국내전문학술지에 포함되지 않은 학술지이다. 전공분야에서 학술적 의미를 지닌 연구는 일반적으로 국내외 전문학술지에 등재된다.

[그림 1.2] 한국연구재단 학술검색

출처: 한국연구재단 홈페이지

학술지 자료를 활용하고자 할 때는 발행기관의 홈페이지를 통해 자료의 열람이 가능하다. 하지만 활용하고자 하는 자료가 특정되어 있지 않은 경우 일반적으로 선행연구 검색을 위해서는 보다 광범위한 검색이 필요하기 때문에 한국연구재단에서 제공하는 한국학술지인용색인(KCI) 홈페이지나 한국교육학술정보원 논문검색서비스를 이용하여 키워드 검색을 통해서 학술지를 검색할 수 있다.

[그림 1.3] 한국교육학술정보원 학술지 검색

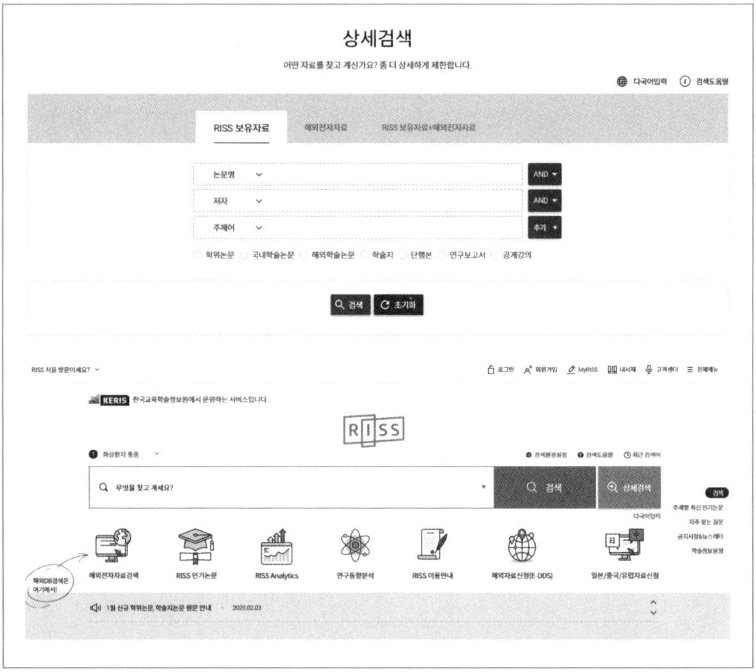

출처: 한국교육학술정보원 홈페이지

둘째, 연구보고서이다. 연구보고서는 정책 또는 정부기관에 정책제언을 목적으로 발간되는 학술자료이다. 연구보고서는 학술지와 달리 일반적으로 집단연구로 수행되며 연구책임자, 공동연구원, 연구보조원 등으로 구성되어 이루어진다. 연구기관(국책연구기관, 학회 등)이 연구보고서 발간을 주로 수행하고 있는데 국책연구기관의 경우 기본연구과제와 수시연구과제로 구분된다. 기본연구과제는 연구기관 내 예산을 활용해서 관련 분야에 대한 연구가 수행되며, 수시연구과제는 정부부처의 제안 또는 내부 연구진의 제안으로 수행된다. 연구원 내부 절차에 따라 기본연구과제의 추진절차는 상이하지만 일반적으로 1월부터 2월까지 연구추진에 대한 전반적인 연구계획이 수립된다. 기본연구과제는 일반적으로 1년 기간으로 추진되고 당해연도 12월까지 연구보고서가 종료되는 것이 원칙이다.

반면, 수시연구과제는 정부부처의 요구 또는 원내 내부 제안을 통해 실시되는 것이므로 기본연구과제와 같이 월별 진행일정 등이 수립되지는 않는다. 다만 일련의 과정을 거쳐 연구가 진행되며 연구일정은 연구계약 체결일정에 따라 상이하게 결정된다. 연구기간은 짧게는 2개월에서 길게는 12개월 정도이며, 연구내용과 범위는 의뢰기관의 요구에 따라 상이하다.

이와 달리 학회에서 발간하는 연구보고서는 연구용역으로 중앙 및 지방정부 등에서 정책개발의 목적으로 과업제안서를 공지

[그림 1.4] 한국행정연구원 기본연구과제

| 2월 | 연구목표 수립 | 정부 및 국회심의, 사업계획 Feedback |
| | 차년도 사업계획 수립을 위한 연구사업목표 수립 | |

| 3월 | 과제 외부 수요조사 | 9월 |
| | 정부부처, 지방자치단체, 소관연구기관, 주요 대학 등을 대상으로 한 외부 과제 수요조사 실시 | |

| 3월 | 정책연구실무협의회 및 정책연구협의회 개최 | 9월 |
| | 실·국장급 정부부처 및 민간전문가도 참여하는 정책연구실무협의회 및 차관급 이상으로 구성된 정책연구협의회를 통해 의견수렴 및 과제 선정 | |

| 3월 | 내부 연구과제 제안 | 10월 |
| | 원내 부서를 중심으로 한 내부 연구과제 제안 | |

| 3월 | 연구주제선정회의 | 10월 |
| | 내·외부 제안을 통해 제출한 연구과제의 수행 적정성 검토 | |

| 4월 | 제1차 세부사업계획서 발표회의 | 사업계획 수정검토 | 10월 |
| | 연구주제 선정회의를 통해 논의된 연구과제의 세부사업계획서 발표 및 검토 | 행정환경의 변화에 따라 상반기에 제출된 과제를 중심으로 부서별 과제 검토회의 개최 | |

| 4월 | 제1차 세부사업계획서 발표회의 | 10월 |
| | 제1차 세부사업계획서 발표회의를 통해 논의된 결과의 반영 검토 및 연구사업목표 확정 | |

| 4월 | 상반기 연구자문회의 | 분야별 검토회의 | 10월 |
| | 학계 및 공무원으로 구성된 연구자문위원으로부터 연구과제 발굴, 사업계획 및 예산에 대한 자문 | 분야별 검토회의를 통해 의견수렴 | |

| 5월 | 과제선정위원회 | 하반기 연구자문회의 | 10월 |
| | 외부 전문가 및 연구부서장들로 구성된 과제선정위원회를 통해 과제 확정 | 학계 및 공무원으로 구성된 연구자문위원으로부터 연구과제 발굴, 사업계획 및 예산에 대한 자문 | |

| 5월 | 연구조정회의 | 11월 |
| | 최종 논의된 내용을 바탕으로 작성된 연구과제 사업계획서를 검토하여 최종심의 확정 | |

| 5월 | 경제인문사회연구회 사업계획 제출 | 11월 |

| 6월 | 경제인문사회연구회 의사회 의결 | 12월 |

출처: 한국행정연구원 홈페이지

[그림 1.5] 한국행정연구원 수시연구과제

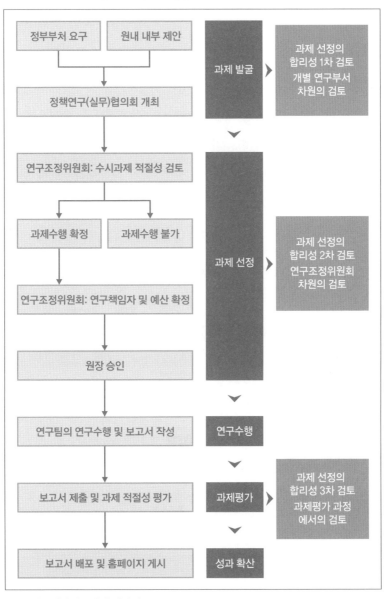

출처: 한국행정연구원 홈페이지

하고 공개경쟁을 통해 선정된 학회에서 연구진에 의해 연구가 수행된다. 연구보고서의 기본적인 틀은 국책연구기관과 학회 모두 유사한 형태를 띠고 있으나 연구목적, 수행내용 등에 따라서 연구방법은 상이하다.

연구보고서는 방대한 내용을 담고 있으며 제도를 중심으로 연구를 수행하기 때문에 학술지보다 실천적인 연구가 수행된다. 이는 연구보고서가 정책제언을 목적으로 하기 때문이다. 또한 연구보고서는 공개되는 경우도 있지만 민감한 내용이 포함된 경우 공

[그림 1.6] 온-나라 정책연구 연구보고서 검색

출처: 온-나라 정책연구 홈페이지

개하지 않을 수도 있다. 자료검색은 한국교육학술정보원 홈페이지에서 확인할 수 있으나 정책연구보고서는 행정안전부에서 운영하는 온-나라 정책연구 홈페이지에서도 확인 가능하다. 더불어 국책연구기관에서 수행한 보고서의 경우 기관 홈페이지 혹은 해당 부처의 홈페이지에서 확인할 수 있다.

1.3 갈등연구자료의 종류 및 특징

갈등연구자료는 일반적인 학술연구자료와 동일한 내용을 포함하고 있다. 구체적으로 갈등연구자료는 갈등연구의 수행을 위해 활용되는 자료와 갈등연구의 결과물로 구분된다. 갈등분야 역시 학술적으로도 연구되기 때문에 학술자료의 종류와 학술연구의 결과물인 학술지와 연구보고서를 포함하고 있다. 다만, '갈등'이라는 특성으로 인해 자료의 수집방법이나 연구에 활용되는 자료의 유형에 특성이 존재한다. 여기서는 갈등연구의 수행을 위해 활용할 수 있는 자료에 대해 살펴보고자 한다.

국내외 갈등과 관련된 다양한 자료를 공개하고 있는 사이트의 자료이다. 공존협력연구소는 국내외 다양한 갈등정보를 수집하여 일반인에게 공개하고 있다. 대표적으로 키워드 검색을 통해 자료에 접근할 수 있으며, 항목별로도 자료를 확인할 수 있도록 서비스를 제공하고 있다. 검색창에 검색을 원하는 키워드를 입력하면 관련 키워드가 포함된 모든 갈등자료를 확인할 수 있다. 갈등신문 기사, 갈등사례, 지역별 갈등현황(갈등지도), 갈등보도 통계, 갈등 법령, 갈등인식조사 등 다양한 자료가 누적되어 있다.

[그림 1.7] 공존협력연구소 갈등정보 서비스

출처: 공존협력연구소 갈등정보 서비스 홈페이지

[그림 1.8] 공존협력연구소 갈등정보 검색 예시: 제주공항

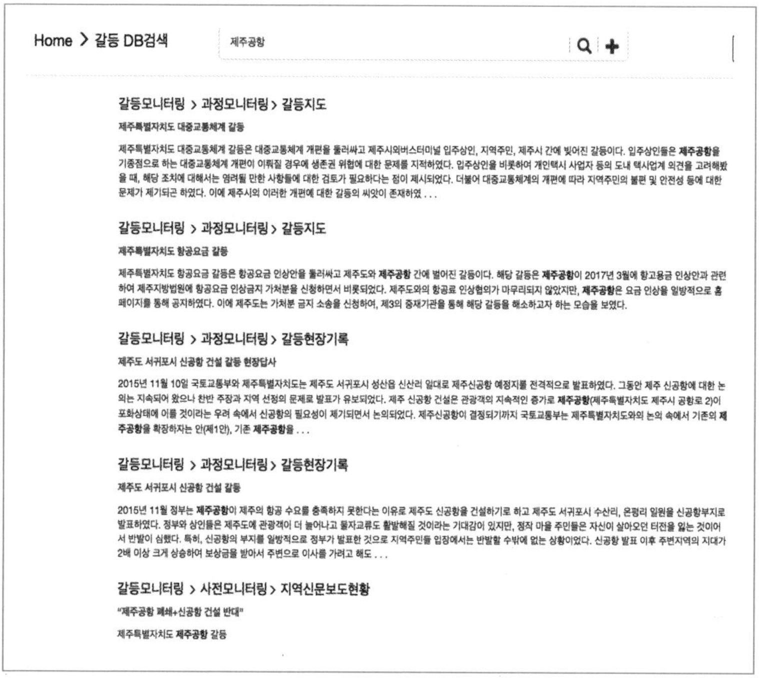
Home > 갈등 DB검색

제주공항

갈등모니터링 > 과정모니터링 > 갈등지도

제주특별자치도 대중교통체계 갈등

제주특별자치도 대중교통체계 갈등은 대중교통체계 개편을 둘러싸고 제주시외버스터미널 입주상인, 지역주민, 제주시 간에 빚어진 갈등이다. 입주상인들은 **제주공항**을 기종점으로 하는 대중교통체계 개편이 이뤄질 경우에 생존권 위협에 대한 문제를 지적하였다. 입주상인을 비롯하여 개인택시 사업자 등의 도내 택시업계 의견을 고려해봤을 때, 해당 조치에 대해서는 염려될 만한 사항들에 대한 검토가 필요하다는 점이 제시되었다. 더불어 대중교통체계의 개편에 따라 지역주민의 불편 및 안전성 등에 대한 문제가 제기되곤 하였다. 이에 제주시의 이러한 개편에 대한 갈등의 씨앗이 존재하였 . . .

갈등모니터링 > 과정모니터링 > 갈등지도

제주특별자치도 항공요금 갈등

제주특별자치도 항공요금 갈등은 항공요금 인상안을 둘러싸고 제주도와 **제주공항** 간에 벌어진 갈등이다. 해당 갈등은 **제주공항**이 2017년 3월에 항고용금 인상안과 관련하여 제주지방법원에 항공요금 인상금지 가처분을 신청하면서 비롯되었다. 제주도와의 항공료 인상협의가 마무리되지 않았지만, **제주공항**은 요금 인상을 일방적으로 홈페이지를 통해 공지하였다. 이에 제주도는 가처분 금지 소송을 신청하여, 제3의 중재기관을 통해 해당 갈등을 해소하고자 하는 모습을 보였다.

갈등모니터링 > 과정모니터링 > 갈등현장기록

제주도 서귀포시 신공항 건설 갈등 현장답사

2015년 11월 10일 국토교통부와 제주특별자치도는 제주도 서귀포시 성산읍 신산리 일대로 제주신공항 예정지를 전격적으로 발표하였다. 그동안 제주 신공항에 대한 논의는 지속되어 왔으나 찬반 주장과 지역 선정의 문제로 발표가 유보되었다. 제주 신공항 건설은 관광객의 지속적인 증가로 **제주공항**(제주특별자치도 제주시 공항로 2)이 포화상태에 이를 것이라는 우려 속에서 신공항의 필요성이 제기되면서 논의되었다. 제주신공항이 결정되기까지 국토교통부는 제주특별자치도와의 논의 속에서 기존의 **제주공항**을 확장하자는 안(제1안), 기존 **제주공항**을 . . .

갈등모니터링 > 과정모니터링 > 갈등현장기록

제주도 서귀포시 신공항 건설 갈등

2015년 11월 정부는 **제주공항**이 제주의 항공 수요를 충족하지 못한다는 이유로 제주도 신공항을 건설하기로 하고 제주도 서귀포시 수산리, 온평리 일원을 신공항부지로 발표하였다. 정부와 상인들은 제주도에 관광객이 더 늘어나고 물자교류도 활발해질 것이라는 기대감이 있지만, 정작 마을 주민들은 자신이 살아오던 터전을 잃는 것이어서 반발이 심했다. 특히, 신공항의 부지를 일방적으로 정부가 발표한 것으로 지역주민들 입장에서는 반발할 수밖에 없는 상황이었다. 신공항 발표 이후 주변지역의 지대가 2배 이상 크게 상승하여 보상금을 받아서 주변으로 이사를 가려고 해도 . . .

갈등모니터링 > 사전모니터링 > 지역신문보도현황

"제주공항 폐쇄+신공항 건설 반대"

제주특별자치도 **제주공항** 갈등

출처: 공존협력연구소 갈등정보 서비스 홈페이지

메인 페이지의 검색어를 통해 얻을 수 있는 자료는 다음과 같다. 예를 들어 제주공항을 키워드로 해서 자료를 얻고자 한다면 검색어에 '제주공항'을 입력하고 검색을 실행한다. 갈등지도, 현장기록, 신문보도 등 키워드와 관련된 자료가 검색결과로 노출되는 것을 확인할 수 있다.

수집된 신문보도 자료를 그래프로 시각화해서 얻을 수도 있다. 전국신문 보도 분석 항목에서 그래프 종류를 선택하고 시작연도,

종료연도, 분석유형을 선택하면 결과값을 확인할 수 있다. 이 책에서는 그래프 종류로는 막대 그래프, 시작연도와 종료연도는 2018년도를 선택하였으며 분석유형1은 갈등유형별, 분석유형2는 선택하지 않은 채 통계를 실행하였다. 입력된 사항에 대한 결과값은 [그림 1.9]와 같다.

연구자는 확인하고자 하는 형태의 자료를 구분된 항목에 따라 자유롭게 선택할 수 있으며 갈등과 관련된 전국 및 지역신문 보도

[그림 1.9] 공존협력연구소 갈등정보 전국신문 보도 분석

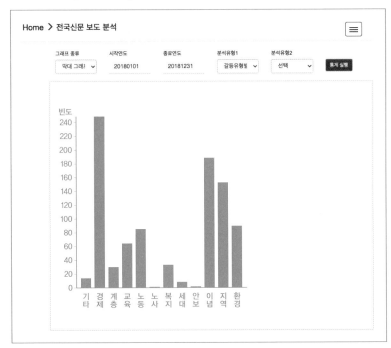

출처: 공존협력연구소 갈등정보 서비스 홈페이지

분석 자료를 시각화된 값으로 확인할 수 있다. 분석유형은 연도
별, 갈등주체, 갈등유형, 갈등특성으로 구분되어 있어 다양한 형
태의 갈등발생 빈도를 확인할 수 있다.

[그림 1.10] 공존협력연구소 갈등 관련 설문조사 리스트

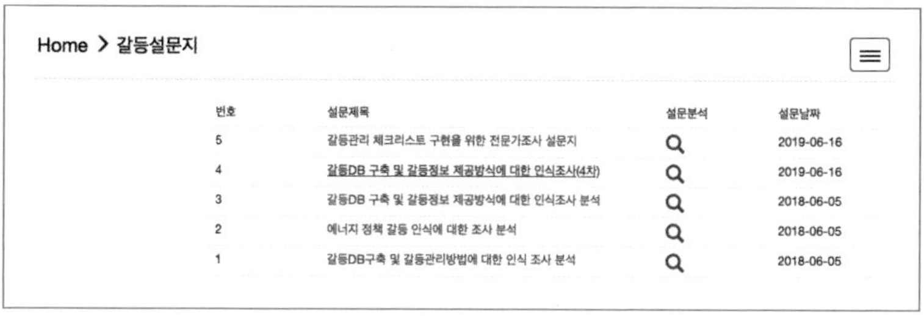

번호	설문제목	설문분석	설문날짜
5	갈등관리 체크리스트 구현을 위한 전문가조사 설문지	🔍	2019-06-16
4	갈등DB 구축 및 갈등정보 제공방식에 대한 인식조사(4차)	🔍	2019-06-16
3	갈등DB 구축 및 갈등정보 제공방식에 대한 인식조사 분석	🔍	2018-06-05
2	에너지 정책 갈등 인식에 대한 조사 분석	🔍	2018-06-05
1	갈등DB구축 및 갈등관리방법에 대한 인식 조사 분석	🔍	2018-06-05

출처: 공존협력연구소 갈등정보 서비스 홈페이지

공존협력연구소에서 실시한 갈등과 관련된 다양한 인식조사
자료를 확인할 수 있다. 그리고 조사 리스트와 함께 설문문항과
분석결과가 공개되어 있어 연구자료로 활용하기에 적합한 형태로
구성되었다. 일반적인 양적 연구는 이와 같이 설문조사를 통해 수
집된 데이터를 활용하여 분석하는 단계로 진행된다.

[그림 1.11] 설문문항

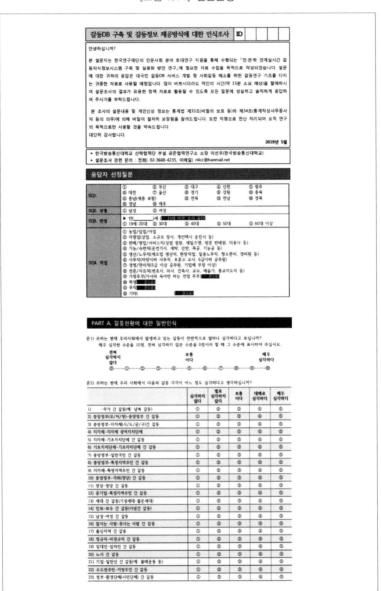

출처: 공존협력연구소 갈등정보 서비스 홈페이지

[그림 1.12] 분석결과

PART A. 갈등현황에 대한 일반인식

문1) 귀하는 현재 우리사회에서 발생하고 있는 갈등이 전반적으로 얼마나 심각하다고 보십니까?
매우 심각한 수준을 10점, 전혀 심각하지 않은 수준을 0점이라 할 때 그 수준에 표시하여 주십시오.

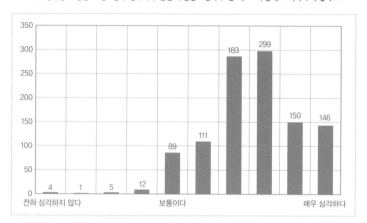

문2-1) 귀하는 현재 우리 사회에서 다음의 갈등 각각이 어느 정도 심각하다고 생각하십니까?

1) 국가-국가 간 갈등(예: 남북 갈등)

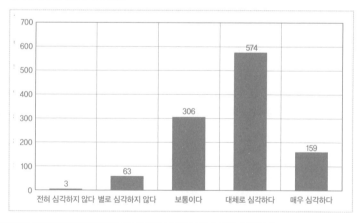

출처: 공존협력연구소 갈등정보 서비스 홈페이지

2 신문기사 자료

갈등연구를 위해 활용할 수 있는 방대한 자료 중 하나는 바로 신문기사 자료이다. 주로 공공갈등을 중심으로 언론매체에 갈등사안에 대한 보도가 이루어진다. 신문기사 자료를 활용한 연구는 주로 통계분석을 활용하여 수행되는 양적 연구분야에서 활용될 수 있으며, 텍스트 네트워크 분석 등 질적 연구와 양적 연구 분야에서도 활용할 수 있다. 설문조사 등 연구자가 직접 자료를 수집하는 1차 자료의 활용에 대한 논의는 제외하고, 2차 자료를 중심으로 다루고자 한다. 연구목적에 따라 2차 자료의 수집과 활용방법이 상이할 수 있다.

신문기사의 키워드 분석을 위한 자료의 활용을 살펴보면 신문기사의 헤드라인을 중심으로 키워드를 추출하고, 키워드 간 텍스트 네트워크 분석(text network analysis)방법을 적용하여 연구를 수행할 수 있다. 이러한 정교한 분석방법 외에 기사검색 서비스를 제공하는 사이트를 통해 기사들 간의 관계도 분석이 가능한 서비스가 제공되기도 한다.

한국언론진흥재단이 운영하는 신문기사 검색 서비스인 빅카인즈(www.bigkinds.or.kr)에서 검색기준을 설정하면 관계도 분석의 결과값을 제공해 준다. 연구자가 직접 코딩하고 자료를 분류하는 과정을 생략할 수 있다는 장점이 있지만 정교한 연구분석결과로 판단하기 어렵기 때문에 참고자료로 활용은 가능하지만 논문에 직접 활용하기에는 한계가 있다. 자료의 활용이 가능하다는 예시로서 '원자력 갈등'을 검색 키워드로 하고 검색기간은 2017년 1월 1일부터 2019년 12월 31일까지로 설정하였다. 언론사는 중앙지 11개와 지역종합지 28개를 대상으로 선정하였다. 검색결과 235건

[그림 1.13] 관계도 분석

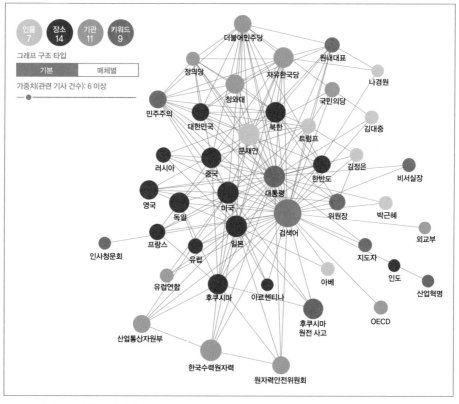

출처: 빅카인즈 홈페이지

의 뉴스가 검색되었고, 검색된 뉴스 관계도 분석결과가 [그림 1.13]과 같이 제시되었다.

다음은 연관어 분석을 통해 제공된 자료이다. 데이터 유형은 키워드 빈도수로 설정하였으며, 분석대상 뉴스 건수에 따라 키워드 빈도수를 살펴보았다. 건수에 따라 키워드 빈도수가 상이한 것을 확인할 수 있으나 탈원전, 발전소, 태양광, 신재생, 공론화 같은 키워드가 반복되어 나타났다. 분석기준에 따라 결과가 달라지는 것을 확인할 수 있다.

다만, 이렇게 제공되는 분석결과는 앞서 언급하였듯이 정밀한 분석결과로 제시될 수 있는 것은 아니기 때문에 학술지와 같이 학문적 목적을 위해 사용되기 위해서는 더욱 정교화된 절차가 필요하다. 즉, 본격적인 연구를 시작하기 전에 제공된 자료를 이용한 이슈분석 등을 통해 연구방향, 목적, 가설설정과 같은 밑그림을 그릴 수 있다. 그리고 이들 자료를 활용한 본격적인 연구에서는 자료의 가공절차를 거쳐 분석에 적합한 자료로 재구축해야 한다. 빅카인즈에서는 이러한 분석 외에 키워드 트렌드를 그래프로 구현해서 제공하기도 하며, 검색된 신문기사 자료를 직접 가공할 수 있도록 다운로드 가능한 형태로도 제공한다. 신문기사를 활용한 키워드 분석은 기사 제목뿐만 아니라 기사 내용을 가공하여 활용할 수도 있다.

[그림 1.14] 클라우드 분석결과

출처: 빅카인즈 홈페이지

3 ┃ 인터뷰 자료

신문기사는 갈등의 표면적인 내용(fact)을 중심으로 다루기 때문에 갈등의 심층적 논의를 다루기에는 한계가 있다. 이해당사자 간의 이해관계를 파악하기 위해서는 이해관계자를 대상으로 실시하는 인터뷰가 중요하다. 인터뷰 자료는 질적 연구방법을 적용하여 질적 연구를 수행할 수도 있고, 인터뷰 내용을 통계기법을 활용한 수치화로 전환하여 양적 분석방법을 활용한 연구를 수행할 수도 있다. 찬성과 반대가 있는 이슈에 대한 찬반 입장을 모두 파악할 수 있는 인터뷰는 갈등연구의 핵심이 된다.

일반적으로 인터뷰 대상자가 인터뷰 내용의 공개를 원하지 않는 경우가 많기 때문에 인터뷰 자료를 얻는 것이 어렵다. 공개 자료의 경우에는 인터뷰 대상자의 동의서를 받은 후 공개가 이루어지는 것이 일반적이다. 연구자가 연구목적에 따라 인터뷰 대상자를 선정하고 직접 섭외해야 하므로 인터뷰를 활용한 연구는 제약이 많으며 시간도 오래 소요된다는 어려움이 있다. 그럼에도 인터뷰는 갈등사례를 보다 깊이 이해할 수 있는 기회로 작용하고, 자료의 희소성 또한 지니고 있다. 인터뷰와 관련된 세부내용은 2.3. 현장모니터링에서 확인할 수 있다.

제2장

갈등 모니터링 자료

갈등 모니터링 자료란 갈등을 연구할 수 있는 기초가 되는 자료를 말한다. 갈등은 역동적이고 시의성을 가지므로 갈등을 연구하기 위해서는 다양한 방법으로 꾸준히 갈등을 살펴보아야 한다. 갈등연구는 갈등을 정확하게 파악하는 데서 시작하기 때문에 다양한 방법으로 갈등자료를 수집하고 이를 연구에 적극적으로 활용할 수 있어야 한다.

이 장에서는 갈등연구의 토대가 되는 갈등 모니터링 자료의 개념 정의, 갈등연구에 활용할 수 있는 갈등 모니터링 자료의 종류 및 특징 등을 살펴보고, 자료를 수집하고 접근하는 방법에 대해 다루고자 한다.

2.1 갈등 모니터링 자료 개념

갈등 모니터링 자료는 갈등을 파악할 수 있는 기본적인 자료이다. 갈등을 모니터링한다는 것은 갈등의 현안을 파악하고, 선제적으로 갈등에 대응할 수 있는 방향을 모색한다는 점에 의미가 있다.

갈등은 유기체적인 성격을 지니며 시시각각 변화한다. 종료된 갈등이 재발하기도 하고, 갈등이 첨예하게 진행되다가 어느 순간

소멸되기도 한다. 실제 갈등은 선형모형을 따르지 않으며, 해결과정에서 진전과 퇴보를 경험하기도 한다. 갈등의 증폭은 갈등이 실제로 확산되는 것을 의미하기도 하지만, 일시적으로 갈등이 교착된 상태를 의미하기도 한다. 이렇게 갈등이 교착상태에 빠지면 협상 후 갈등이 재발할 수 있다. 갈등의 증폭과 완화가 교대로 발생할 수도 있으며, 양립할 수 없는 목표들로 인하여 발생한 이슈와 문제들이 다시 갈등을 발생시키는 경우도 존재한다(김강민 외, 2018).

이러한 갈등의 역동성과 변화성으로 인하여 갈등을 연구하는 연구자들은 갈등 모니터링을 주기적으로 실시할 필요가 있다. 연구자는 갈등 모니터링 자료를 구축한다는 점에서도 반드시 모니터링 시기를 기록해야 하며, 차후 갈등을 꾸준히 모니터링하여 갈등을 파악해야 한다.

갈등 모니터링은 중립적 관점에서 진행되어야 한다. 모니터링에서 가장 중요한 것은 이해관계자가 아닌 중립적인 연구자로서 갈등을 분석하고 모니터링을 진행해야 한다는 점이다. 연구자가 이해관계자인 경우 갈등을 제대로 객관적으로 모니터링할 수 없는 한계가 있으며, 갈등을 분석할 때 편견이 있는 상태에서 할 가능성이 있다. 이에 중립적인 연구자 관점에서 갈등을 분석하고 해소방안을 마련하기 위해 갈등 모니터링은 중립적이며 객관적인 자료에 근거하여 진행되어야 한다.

이 장에서는 갈등 모니터링 자료를 갈등분석, 여론 모니터링(언론, 소셜플랫폼), 현장 모니터링(갈등현장답사, 갈등인터뷰)으로 구분하고, 각 자료를 수집하는 방법과 자료를 활용하는 방법을 제시하고자 한다.

2.2 갈등 모니터링 자료의 구성 및 특징

갈등 모니터링은 갈등연구를 위해서 갈등을 파악하는 것을 말한다. 즉, 갈등을 파악하기 위하여 문헌을 통해 갈등을 분석하고, 여론을 모니터링하며, 현장 모니터링을 통해 갈등의 전반적인 동향을 살피는 것이다.

1 갈등분석

(1) 갈등분석의 시작

갈등분석은 갈등의 본질을 파악하는 것으로, 갈등을 이해하고 갈등을 해소하기 위해서는 갈등에 대한 정확한 분석이 전제되어야 한다. 갈등을 건설적으로 해결하기 위해 갈등분석이 선행되어야 하는 것이다(대통령지속가능발전위원회, 2005). 갈등분석은 갈등에 영향을 주는 요인이 무엇인지 분석하는 것도 중요하지만, 갈등 유발 요인을 통합적이고 객관적인 관점에서 바라보는 틀을 구축하는 데 의미가 있다.

갈등분석은 갈등을 예방하거나 해결방안을 찾기 위한 목적에서 다양한 분석기법을 활용하며, 복잡한 갈등상황을 체계화하는 과정을 말한다. 갈등분석을 위해서는 제기된 갈등과 관련하여 다각적인 측면에서 정보를 수집하고, 수집된 정보에 대한 분류·정리·평가를 통해 정보를 해석하고, 관련성에 대하여 점검하고 갈등상황을 분석하는 전반적인 과정이 포함된다(김도희, 2020).

갈등분석은 갈등사례 선정 및 사전검토, 갈등사례와 관련한 자료수집, 사례분석 틀에 맞춘 사례분석으로 진행된다. 연구자는 먼저 갈등 사례를 선정하고 사전검토하는 것으로 연구를 시작한다.

갈등사례 선정 및 사전검토는 갈등과 관련한 기초적인 정보를 수집하는 것으로, 사전검토를 통해 선정한 갈등사례가 분석이 가능한 갈등인지 확인할 수 있다. 신문이나 잡지의 기사, 정부기관

[그림 2.1] 갈등분석의 단계

또는 국책연구기관의 보고서 등 서면자료를 통해 상황을 간단하게 파악한다. 사전검토는 갈등분석의 첫 단계로 차후 갈등분석을 수행하는 데 첫 번째 발자국인 셈이다. 사전검토단계에서는 서면자료뿐 아니라 상황을 잘 알고 있지만 문제에 개입되지 않은 전문가나 이해당사자와의 만남을 통해 간단한 정보를 습득할 수도 있다. 사전검토단계에서 조심해야 할 것은 한두 차례 대화를 나눈 이후에 갈등분석 방향을 정하지 말아야 한다는 것이다. 갈등은 이해관계자가 복잡하고 쟁점이 다양한 경우가 많다. 따라서 단편적인 모습만 확인하여 갈등을 파악하고 단정하면 안 된다.

자료수집은 만족스러운 해결책을 찾기 위해서 사람이나 절차, 문제의 본질 등 요소들에 대한 정보를 수집하는 것이다. 자료를 수집하는 사람은 갈등에 대하여 알고 있는 점을 검토하고 사실을 확인하여 어느 정도 정보가 부족한지 파악을 해야 한다(정주진, 2010).

사례분석은 갈등단계의 진단을 시작으로 7단계로 구분할 수 있다(국민대통합위원회 홈페이지).

본격적인 갈등분석에 있어 활용하는 자료는 갈등 모니터링 자료 전체로 제1장에서 소개한 갈등과 관련된 학술자료, 이 장에서 소개하는 여론 모니터링과 현장 모니터링 자료이다. 여론 모니터

〈표 2.1〉 갈등분석의 단계

단계		상황
제1단계	갈등단계의 진단	– 현 상황은 어디에 있는가? – 정보수집 → 진단수행 → 결과 판단
제2단계	갈등전환의 목표	– 갈등전환을 통하여 무엇을 확산하고자 하는가? – 각 단계별 갈등상황 확인
제3단계	갈등상황의 분석	– 현 상황의 구체적 행위자와 이슈 및 관계는 무엇인가? – 정보수집 → 도구선택 → 분석수행
제4단계	갈등해결책의 고안	– 분석결과 도출된 문제에 대한 해결방안은 무엇인가?
제5단계	갈등전환을 위한 행동	– 갈등상황의 전환을 위해 어떤 행동을 취해야 하는가?
제6단계	과정 모니터링	– 갈등전환의 절차들은 제대로 진행되었는가? – 지표설정 → 자료수집 → 평가시행
제7단계	순환과 갈등단계의 재진단	– 현 상황은 어느 단계로 전환되었는가? – 모니터링 결과 정리 및 정보수집 → 진단수행 → 결과 판단

출처: 국민대통합위원회 홈페이지

링은 언론 모니터링과 소셜플랫폼 모니터링으로 구성된다. 현장 모니터링은 현장답사와 인터뷰를 포함한다. 이 장에서는 갈등분석 시 활용할 수 있는 1차 자료의 개념과 수집방법을 소개하고, 활용하고 참고할 수 있는 사이트를 안내할 예정이다.

[그림 2.2] 갈등분석에서 활용할 수 있는 자료

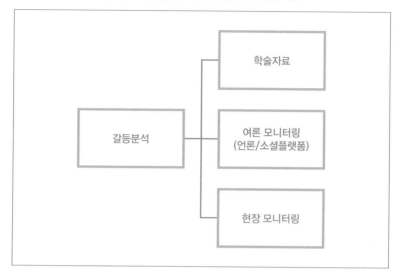

(2) 갈등분석을 위한 정보 확인

갈등분석을 위한 자료는 직접적인 관찰, 보조자료, 개인인터뷰 등이 있는데, 이때 정보의 출처를 명확하게 파악해야 한다.

직접적인 관찰은 직접 생산하는 1차 자료로, 갈등과 관계된 개인들의 행동을 관찰하여 수집하거나 다른 당사자들을 통해서 직접 정보를 수집하는 것을 말한다. 또 갈등에 관계된 집단들의 회의에 참석하여 정보를 공유하는 것도 포함된다. 직접적인 관찰은 개인들의 행동을 직접 관찰하여 상황을 자세하게 이해할 수 있으며 시행자가 갈등의 세부 사항들을 직접적으로 취합할 수 있다는 장점이 있지만, 분석자의 개인적 성향이 포함될 수 있다는 점과 정보의 수집에 많은 시간이 소요될 수 있다는 한계가 있다.

보조자료는 회의록, 사적·공적 보고서, 녹취록, 현장 촬영자료, 현안에 대한 연구자료, 신문·잡지 기사 등 2차 자료를 말한다. 보조자료는 갈등분석을 위해서 반드시 수집되어야 하는 자료이다. 현안에 대한 연구자료는 연구보고서와 논문을 말하며, 한국방송통신대학교 공존협력연구소의 갈등DB에서 제공되는 자료를 포함한다. 신문의 보도자료와 잡지 기사 등의 자료를 수집하는 방법은 이 장에서 설명할 것이다.

개인인터뷰는 상황에 대한 견해와 미묘한 차이 같은 상세한 정보를 얻을 수 있으며, 다른 사람들의 의견을 대조하거나 확인하고 차이를 정리하기 위한 도구이다. 공식적이고 객관적인 자료로 활용될 수 있으며, 갈등을 제대로 분석한다는 점에서 장점이 있다. 그러나 인터뷰의 기술이나 의사소통의 기술에 따라서 정보가 다르게 해석될 수 있다는 한계가 있다.

(3) 갈등분석기법

수집한 자료는 일목요연하게 정리해야 한다. 수집한 자료를 정리하는 기법에는 갈등 5단계기법, 육하원칙기법, 사건일지기법,

갈등지도기법, 나무기법, 양파기법, 갈등영향분석[1] 등 다양한 갈등분석기법이 있다.

갈등 5단계기법은 갈등의 진행과정에 따라서 갈등을 분석하는 기법이다. 갈등 5단계기법은 Eric Brahm(2003)의 갈등단계모델에 기반을 두고 있는데, 갈등과 관련한 자료를 수집하여 갈등의 시기를 분류한다. 즉, 잠재적 갈등단계(latent conflict)를 시작으로 갈등의 출현단계(emergence), 심화단계(escalation), 진정단계(de-escalation), 갈등의 처리 및 해결단계(resolution)로 진행되는 과정을 분석하는 기법이다(이선우, 2017).

갈등 5단계기법은 갈등의 상승 및 하강 주기와 단계를 눈으로 확인한다는 데 의미가 있으며, 갈등이 현재 어떤 상태인지 파악할 수 있다. 또한 갈등예방을 위하여 이후 갈등의 상승 패턴을 예상할 수 있는 장점이 있다. 갈등 5단계기법을 활용하여 갈등을 분석할 경우 갈등을 시간의 흐름에 따라 입체적으로 분석한다는 장점이 있지만, 갈등의 단계를 구분하기 다소 어렵고 연구자의 기준으

---

1 이 책은 갈등을 연구하는 연구자와 학생들이 관련된 학술자료를 만들거나 활용할 수 있게 하는 데 목적이 있다. 갈등영향분석은 갈등에 중요한 역할을 하는 이해관계자를 파악하고, 이해관계자들의 공통점과 차이점에 대한 분석결과를 토대로 합의 가능한 대안을 발견하는 것으로 갈등조정에서 적극적으로 활용한다. 여기서는 갈등영향분석의 개념만 다룰 뿐 실제 갈등영향분석이 어떻게 진행되는지 모든 단계를 다루지는 않는다.

로 단계를 분류할 수밖에 없다는 한계가 있다.

육하원칙기법(5W1H)은 누가, 언제, 어디서, 무엇을, 어떻게, 왜 했는지를 확인하는 기법이다. 육하원칙기법은 모든 분석기법에서 적용할 수 있으며, 육하원칙기법만으로도 사용되지만 다른 기법과 함께 사용하여 갈등을 분석하는 도구로 활용되는 경우가 많다(김강민 외, 2018).

누가(Who)는 갈등의 주요 이해관계자를 파악하고, 원인을 제공한 사람이 누구인지 확인하는 것이다. 갈등의 주요 이해관계자를 파악할 때는 갈등의 직접적인 이해관계자뿐 아니라 갈등과 관련된 간접적인 이해관계자도 파악한다. 갈등이 실제 누구로 인해 발생하였고 전개되는지를 파악하는 단계이다.

언제(When)는 갈등의 전반적인 전개과정에서 시기를 파악하는 단계이다. 갈등의 원인이 언제 제공되었는지, 갈등이 표출되면서 전환된 시점이 언제인지, 갈등의 심화시점과 완화시점, 해결시점은 언제인지를 파악하는 것이다. 갈등의 전반적인 과정에서 갈등의 발생을 살펴보는 단계라고 할 수 있다.

어디서(Where)는 갈등이 발생한 공간적인 범위를 확인하고 파악하는 단계이다. 갈등을 분석한 이후 갈등이 점 · 선 · 면으로 확인될 수 있는 경우 실제 갈등의 핵심적인 범위와 예상되는 범위를 파악한다.

무엇을(What)은 갈등분석 중에서 갈등과 관련한 이해관계(interests)와 입장(position)을 파악하는 것이다. 이해관계는 갈등에서 진짜 원하는 것이 무엇인지를 확인하는 것이며, 입장은 이해관

〈표 2.2〉 육하원칙기법에 따른 일차분석과 이차분석

초점	일차 분석(기초분석)	이차 분석(심화분석)
누가(Who)	– 갈등당사자는 누구인가? – 갈등에 직간접적인 영향을 받는 제2, 제3의 당사자는 누구인가?	– 당사자들의 갈등에 대한 입장은? – 당사자들의 서로에 대한 태도는? – 갈등을 해결하고자 하는 의지는?
어디서(Where)	– 갈등이 어디서 발생하였는가? – 갈등이 발생한 지역의 위치는 어디인가?	– 갈등과 지리적 위치와의 관계가 있는가? – 지리적 위치로 인하여 갈등의 특성이 달라졌는가?
무엇을(What)/ 왜(Why)	– 갈등의 발생원인은 무엇인가? – 무엇을 위한 갈등인가? – 갈등의 일차적, 이차적 쟁점은 무엇인가?	– 갈등당사자들이 진정으로 원하는 것은 무엇인가? – 문제별 분류가 명확하게 이루어질 수 있는가?
어떻게(How)	– 갈등은 어떻게 진행되었는가? – 갈등당사자 간의 의사소통의 통로나 방법은 무엇인가?	– 갈등발달의 과정상의 문제점은 무엇인가? – 갈등당사자의 관계는 어떠한가?
언제(When)	– 갈등의 역사는? – 갈등의 현재 단계는?	– 앞으로의 갈등진행 방향이 예측 가능한가? – 제3자의 적절한 개입시점은 언제인가?

출처: 지속가능발전위원회(2005).

계자가 어떤 견해를 가지는지를 확인하는 것을 말한다.

어떻게(How)는 갈등의 상호작용을 말한다. 갈등이 서로 어떠한 관계가 있는지 확인하는 것이다. 물리적 대립, 대화를 통한 대립, 상호 간 협상, 제도적 대립 등 다양한 방식을 통해서 나타나는 이해관계자의 상호작용을 지칭한다(김강민 외, 2018).

왜(Why)는 갈등의 원인을 찾아내는 것으로, 갈등의 목적과 정책의 목적을 파악하는 것이다. 실제 갈등을 분석함에 있어서 이해관계가 무엇인지 파악하는 것을 말한다. 갈등의 목적은 실제 갈등으로 인해서 발생하는 정책의 목적이 무엇인지를 파악하는 것을 의미한다.

사건일지기법은 날짜별 해당 일에 발생한 갈등의 진행상황, 사건사고 및 이해관계자 기록을 정리하는 기법을 말한다. 실제 갈등과 관련한 주요 사건을 중심으로 시간의 흐름에 따라서 이해할 수 있도록 정리하고 나열한다. 갈등을 시기적으로 파악할 수 있다는 점이 장점이지만, 갈등이 장기간 진행되거나 복잡할 때는 파악하기가 어렵다는 단점이 있다. 즉, 간접적인 상황이나 여러 가지 상황들이 복합적으로 이야기될 때는 역할을 분석하기 어렵다는 한계가 있다(김강민 외, 2018). 사건일지기법을 활용하면 일차적인 분석은 가능하지만, 입체적인 분석이 어렵다는 한계가 있어 실제 갈등의 기초적인 상황을 분석하기 위한 자료로 활용되는 경우가 대부

〈표 2.3〉 2005년 경주시 방사성폐기물처분장 갈등분석: 사건일지기법 활용

시기		전개과정
2004	12.17	• 제253차 원자력위원회, 중저준위 방사성폐기물과 사용 후 핵연료 분리 내용 결정
2005	1.25	• 중저준위 방사성폐기물 처분시설 유치지역 지원에 관한 특별법 제정안 국무회의 의결
	3.2	• 중저준위 방사성폐기물 처분시설 유치지역 지원에 관한 특별법 제정안 국회 본회의 의결
	3.11	• 부지선정위원회 발족
	3.28	• 경주시의회, 방폐장 관련 의원간담회 및 방폐장 유치추진 결정
	3.31	• 중저준위 방사성폐기물 처분시설 유치지역 지원에 관한 특별법 공포
	4.7	• 부지선정위원회의 중저준위 방폐장 부지 선정절차 관련, 선부지조사 후절차공고 방침 결정 발표
	4.13	• 산업자원부: 6개 후보지역에 지역상황반 구성 및 지역별 회의 개최 (군산, 경주, 삼척, 울진, 영덕, 포항)
	6.16	• 원전센터 후보부지 선정 관련 공고 및 정부 추진일정 발표
	8.16	• 경주시의 방폐장 유치신청
	8.29	• 울진군의회, 방폐장 유치신청 동의안 부결 • 영덕군, 방폐장 유치신청 동의안 군의회 가결 및 유치신청 • 군산시 방폐장 유치신청 • 포항시 방폐장 유치신청
	8.30	• 삼척시의회, 방폐장 유치신청 동의안 부결
	9.5	• 산업자원부, 방폐장사업 종합상황실 구성 및 운영 시작

10.4	• 지방자치단체별 방폐장 주민투표 발의 공고
10.12	• 중앙선거관리위원회, 주민투표 관련 지자체 과열경쟁에 주의
10.17	• 부총리겸 과학기술부장관, 법무부장관, 행정자치부장관, 산업자원 부장관의 주민투표 관련 공동담화문 발표
10.21	• 4개 지역별 관할 선거관리위원회, 주민투표 공보 및 투표 안내문 발송
10.25	• 반핵국민행동 및 영덕반대위원회, 불법 부재자신고 폭로 및 기자회견
10.26	• 민변의 주민투표 부정관권 개입에 대한 진상발표 및 기자회견
10.31	• 시민사회단체, 주민투표 중단 및 참여민주주의 수호를 위한 기자회 견 실시
11.2	• 경주, 군산, 영덕, 포항 등 4개 지역 방폐장 주민투표 동시 실시
11.3	• 산업자원부장관, 주민투표 결과 경주시를 최종 후보부지로 발표

출처: 공존협력연구소 갈등사례DB

분이다. 곧 독립적인 갈등분석기법으로 활용하기보다 다른 갈등분석의 보조자료로 활용하는 경우가 많은 것이다.

사건일지기법을 통해 분석한 갈등사례는 〈표 2.3〉과 같으며, 더 많은 갈등사례는 한국방송통신대학교 공존협력연구소 갈등 DB에서 확인할 수 있다.

갈등지도기법은 갈등상황에 관여하는 당사자들의 역학관계와 힘의 균형 정도를 선과 도형을 활용하여 시각적으로 파악하고 이

[그림 2.3] 갈등지도기법 예시

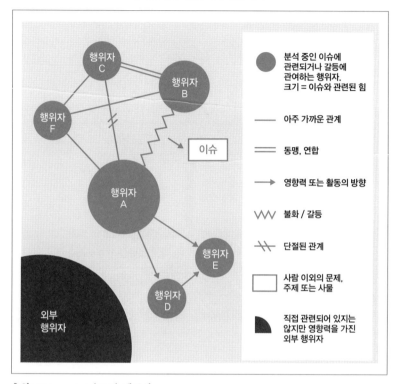

출처: Fisher, et al.(2000) 재구성.

해하는 데 도움이 된다. 갈등지도기법은 도형과 선을 활용하기 때문에 이해관계자를 중심으로 한 여러 가지 규칙과 법칙을 한눈에 파악할 수 있다는 장점이 있지만, 갈등당사자를 중심으로 파악하여 이해관계나 실익을 파악하기에 다소 한계가 있다. 또한 갈등지도는 갈등 이해관계자를 완전히 파악해야 한다는 점에서 적극적으로 제작하기 어려운 점이 있다.

[그림 2.4] 나무기법 예시

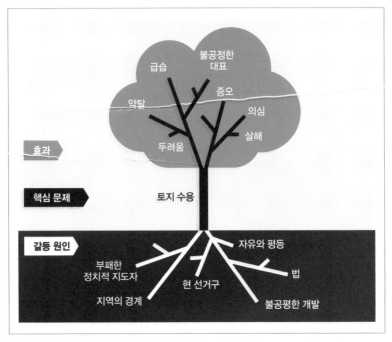

출처: Fisher, et al.(2000).

나무기법은 나무의 뿌리, 줄기, 가지 이미지를 통해서 갈등의 원인, 쟁점, 결과를 시각적으로 파악하는 기법이다. 이 기법은 갈등의 형태를 한눈에 파악한다는 장점이 있지만, 갈등을 입체적으로 파악하는 데에는 한계가 있다.

양파기법은 양파와 같이 여러 층으로 갈등당사자들이 갈등과 관련하여 주장하는 것과 그 숨겨진 의미에 대하여 분석하는 기법

[그림 2.5] 양파기법

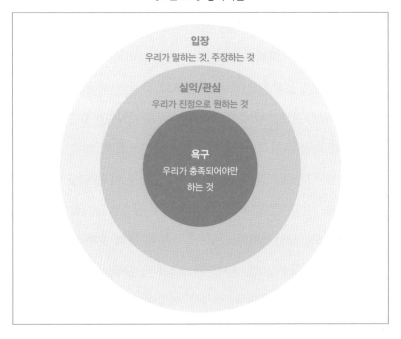

이다. 양파기법에서는 갈등상황에서 갈등당사자들의 마음을 입장
(positions), 실익/관심(interests), 욕구(needs)로 구분하여 분석한다.
입장은 원한다고 표명하는 것이나 주장하는 것(what we say we
want)을 말한다. 실익/관심은 주장하는 것 뒤에 원하는 것(what we
really want)을 말한다. 욕구는 반드시 충족되어야 하는 것(what we
must have)을 말한다. 이 기법은 갈등상황의 역동적인 모습을 이해
하기 위해서 분석을 시도하거나 갈등당사자 간 대화를 촉진하기
위하여 준비할 때 조정이나 협상과정에서 사용할 수 있다.

갈등영향분석(conflict assessment)이란 공공정책을 수립·추진할 때 공공정책이 사회에 미치는 갈등의 요인을 예측·분석하고 예상되는 갈등에 대한 대책을 모색하는 것을 말한다(국민대통합위원회, 2016). 갈등영향분석은 심각한 갈등으로 추진에 어려움이 있는 정책사업을 갈등전문가에게 의뢰하여 이해관계자 간 쟁점을 분석하고 사안에 적정한 합의 형성 가능성 진단 및 절차 설계, 조정협의회 구성 등 갈등해소를 위한 갈등대응전략을 마련하는 것이다(서울시, 2020). 갈등영향분석은 문헌연구와 심층면담기법을 사용한다. 정부 자료, 사업계획서, 유사 갈등사례 등의 문헌 조사로 이루어지며 해당 갈등사안의 이해관계자로부터 갈등의 상황과 의견을 파악하기 위하여 심층면담 조사로 이루어진다(윤종설, 2017). 즉, 갈등영향분석은 갈등과 관련된 이해관계자를 파악하고 그들의 속내를 들어 갈등해소를 위한 기초적인 자료를 제공하는 역할을 수행하는 것이다. 갈등영향분석은 분석을 시행하는 전문가가 갈등의 세부적인 내용을 파악하여 이해관계자들의 속내를 확인하고 갈등을 분석한다는 점에서 장점이 있지만, 의견을 파악하고 심층면담을 시행한다는 점에서 조사자의 편견이나 능력이 영향을 줄 수 있다는 한계가 있다.

2 여론 모니터링

(1) 언론 모니터링

① 언론 모니터링의 의의

잠재되어 있던 갈등이 포착되고 인식되는 것은 언론보도를 통해 이루어지는 경우가 많다. 언론보도를 통해 갈등에 대한 여론이 형성되기도 하고, 갈등에 관한 세부적인 정보가 제공되기도 한다. 이러한 관점에서 갈등의 사전자료 중 가장 먼저 수집되어야 하는 것이 언론 모니터링이다.

언론 모니터링은 '언론동향 파악'으로, 갈등에 대하여 언론에서 어떻게 기사를 냈는지, 방송에서 어떤 보도를 하였는지, 어떤 이해관계에 주목하고 있는지 등을 파악하는 자료이다.

따라서 언론 모니터링은 갈등사안에 대하여 언론이 어떻게 움직이는지를 파악하는 데 중요한 역할을 한다. 언론의 움직임은 갈등을 증폭시킬 수도 있고 완화시킬 수도 있다. 또 특정 갈등이 언론으로 인해 주목받기도 하고, 특정 언론이 이해관계자가 되어 입장을 드러내는 경우도 있다.

언론 모니터링의 과정은 3단계로 이루어진다. 바로 검색엔진 선정 및 언론사 선택, 검색 키워드 선정, 언론 보도자료 수집 및 정리이다.

② 언론 모니터링의 과정

제1단계: 검색엔진 선정 및 언론사 선택

첫 번째 단계는 보도자료 수집을 위한 검색엔진을 선정하고 검색대상 언론사를 선택하는 것이다. 검색엔진은 한국언론진흥재단이 운영하는 빅카인즈(BIGKinds)와 포털사이트(네이버, 다음, 구글 등) 중 하나를 선정하면 된다. 빅카인즈는 뉴스검색과 검색결과의 시각화가 가능하며, 포털사이트의 경우 중복되는 기사를 확인할 수 있는 장점이 있다.

언론사 선택은 연구자가 해야 한다. 한국언론진흥재단이 발표한 2019년 〈신문산업 실태조사〉와 〈2019 한국언론연감〉에 따르면 일간신문 221개, 주간신문 1,376개, 방송 42개, 인터넷신문 3,537개의 언론매체가 있다. 연구자는 갈등정보를 확인할 수 있는 언론사를 선택하여 검색하고 자료화해야 한다.

언론사는 일간지, 경제지, 지역지, 방송·통신, 전문지, 인터넷신문 등으로 구분할 수 있으며, 각 카테고리별 주요 언론사는 〈표 2.4〉와 같다.

연구자는 언론사를 선정하기 전에 모니터링하고자 하는 갈등에 대한 기본적인 정보를 파악해야 한다. 갈등이 전국단위에서 벌어지고 있는 것이라면 전국단위의 일간지·경제지를 특정하여 검색하는 것이 좋고, 지역단위에서 발생하고 있는 것이라면 지역신문에서 갈등을 파악하기가 훨씬 용이하다. 실제 지역단위에서 발

〈표 2.4〉 주요 언론 리스트(2020.04 기준)

구분	언론사명
일간지	경향신문, 국민일보, 내일신문, 동아일보, 매일일보, 문화일보, 서울신문, 세계일보, 아시아투데이, 조선일보, 중앙일보, 한겨레, 한국일보 등
경제지	매일경제, 머니투데이, 서울경제, 아시아경제, 아주경제, 파이낸셜뉴스, 한국경제, 헤럴드경제 등
지역지	강원도민일보, 강원일보, 경기신문, 경기일보, 경남도민신문, 경남도민일보, 경남매일신문, 경남신문, 경남일보, 경북도민일보, 경북매일신문, 경북신문, 경북일보, 경상매일신문, 경상일보, 경인일보, 고양신문, 광남일보, 광주드림, 광주매일신문, 국제신문, 군포시민신문, 굿모닝충청, 금강일보, 기호일보, 김해뉴스, 광주일보, 국제신문, 남도일보, 너겟뉴스, 뉴스경남, 당진신문, 대구신문, 대구일보, 대전시티저널, 대전일보, 대전투데이, 동양일보, 디트뉴스24, 라디오코리아, 매일신문, 무등일보, 미디어제주, 미주중앙일보, 미주한국일보, 부산일보, 새전북신문, 수원일보, 시민의소리, 시사제주, 신아일보, 영남일보, 울산매일신문, 울산저널, 울산제일일보, 울산종합일보, 인천일보, 인천투데이, 전남일보, 전라일보, 전민일보, 전북도민일보, 전북일보, 전북중앙, 제민일보, 제주도민일보, 제주신보, 제주의소리, 제주일보, 중도일보, 중부매일, 중부일보, 충남일보, 충북인뉴스, 충북일보, 충청리뷰, 충청매일, 충청일보, 충청타임즈, 충청투데이, 한라일보, 헤드라인제주 등
방송·통신	가톨릭평화방송·평화신문, 경기방송, 경인방송, 국회방송, 뉴스1, 뉴시스, 뉴스핌, 아리랑TV, 연합뉴스, 채널A, 티브로드, 현대HCN세노넷방송, BTN불교TV, EBS, JTBC, KBS, KTV국민방송, MBC, MBN, OBS, SBS, TBS, TV조선, YTN 등
전문지	가톨릭신문, 교수신문, 국방일보, 국토일보, 농업경제신문, 뉴스타파, 디지털타임스, 전자신문, 이데일리, 이투데이 등
인터넷신문	고발뉴스, 노컷뉴스, 뉴데일리, 대학저널, 데일리안, 민중의소리, 시민일보, 인사이트, 프레시안 등

[그림 2.6] 빅카인즈 언론사 선택 모습

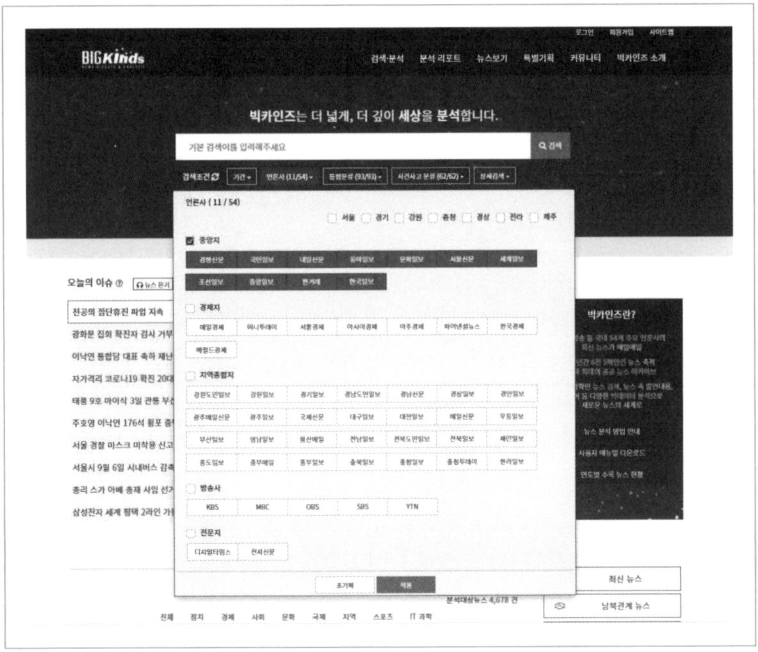

생한 갈등의 경우 중앙 일간지에는 보도되지 않지만, 지역신문에는 반복적으로 보도되는 경우가 대부분이다.

제2단계: 검색 키워드 선정

두 번째 단계는 '검색 키워드'를 선정하는 것이다. 기본 키워드는 '갈등', '분쟁', '찬성', '반대' 등이며, 특정 갈등에 관한 모니터링 자료를 수집하고자 하는 경우에는 관련 부처·이해관계자·갈등사례 등을 키워드로 하면 된다.

[그림 2.7] 행정안전부 보도자료 게시판(2020.08 검색)

[그림 2.8] 빅카인즈 검색결과

[그림 2.9] 네이버 뉴스 검색방법

검색 키워드는 단순해야 한다. 2개 이상의 단어나 문구가 결합된 단어를 활용할 경우 검색이 어려울 수 있다. 그러나 너무 일반적인 키워드라면 구체적인 키워드로 바꾸는 것이 좋다. 예를 들어 '학교 갈등'은 너무 많은 기사가 검색되어 모니터링 자료의 신뢰성이 떨어질 수 있다. 이는 '중학교 갈등', '학교폭력 갈등' 등으로 구분하여 검색하는 것이 바람직하다.

제3단계: 언론 보도자료 수집 및 정리

세 번째 단계는 언론 보도자료 수집 및 정리이다. 검색한 언론 보도자료 중 내용이 동일한 중복기사는 확인 후 제외해야 한다.

중복기사는 배포한 보도자료를 다른 매체에서 소개하는 경우가 대부분이다. 언론사에서 배포한 보도자료가 중복일 경우에는 최초 보도된 언론의 보도자료를 수집하고, 정부기관에서 배포한 보도자료일 경우에는 공식 보도자료를 수집한다.

수집된 기사는 일정한 기준을 가지고 분류해야 한다. 분류기준은 지역별, 갈등의 성격별, 갈등의 주체별, 갈등이슈의 성격별 등

〈표 2.5〉 갈등사례 분류기준

구분	세부 분류기준
언론사 유형	종합지, 지역지
사례 유형	건설정책갈등, 계층갈등, 공무원연금정책, 교육정책, 교통정책, 국고보조금, 기관 간 갈등, 노사갈등, 도시계획/재개발, 명칭선정갈등, 문화갈등, 방송통신정책, 보육정책, 부동산정책, 세대갈등, 수도권규제, 시군통합갈등, 신도시조성, 이익갈등, 이념갈등, 재해보상, 정책갈등, 종교갈등, 시설입지갈등(공항, 교정시설, 군 관련 시설, 발전소, 산업시설, 송변전시설, 숙박시설, 원자력시설, 장묘시설, 장애인시설, 신재생에너지발전시설, 저류소, 취수장, 특수학교, 폐기물처리시설 등)
갈등 발생지역	- 특별/광역/도 - 시/군/구
갈등주체	민민갈등, 관관갈등, 민관갈등, 혼합갈등(3가지 유형이 동시에 들어간 갈등)
갈등 유형	경제, 계층, 교육, 노동, 복지, 세대, 이념, 지역, 환경
갈등 특성	가치갈등, 이해갈등, 혼합갈등(가치+이해)

출처: 공존협력연구소 홈페이지

이 있다. 갈등에 관한 유형 분류기준은 아직 표준화되어 있지 않다. 그러므로 갈등연구자가 분류기준을 정하여 다양한 사례를 분석해야 한다.

한국방송통신대학교 공존협력연구소의 갈등DB에서는 분류기준을 언론사 유형, 사례 유형, 갈등 발생지역, 갈등주체, 갈등 유형, 특성 등으로 구분하고 있다. 갈등DB의 자세한 분류기준은 〈표 2.5〉와 같으며, 공존협력연구소 홈페이지에서 확인할 수 있다.

(2) 소셜플랫폼 모니터링

① 소셜플랫폼(social platform)의 정의

과거에는 국민의 여론과 갈등에 관한 정보를 수집할 때 뉴스 미디어만 수집하는 경우가 대부분이었다. 그런데 최근에는 국민의 여론과 이해관계자의 성명서 등이 소셜미디어를 통해 발표되기도 하므로 이 책에서는 뉴스 미디어 수집방법과 더불어 소셜플랫폼 및 뉴스 댓글과 언론 채널에서 발생하는 텍스트 데이터를 실시간으로 수집하는 방법도 소개하고자 한다.

소셜플랫폼은 소셜미디어와 플랫폼이 결합된 용어이다. Boyd와 Ellison은 소셜미디어를 자신을 소개하는 프로필 페이지가 있고, 사람들과의 연결관계를 보여 주는 친구 리스트가 있으며, 소통할 수 있는 공간이 있는 서비스라고 하였다(Boyd & Ellison,

2007; 이호영 외, 2014 재인용). 이후 연구에서도 소셜미디어의 소통과 관계에 주목하고 소셜미디어를 자신을 표현하는 공간으로 정의하였다. 그리고 플랫폼은 다양한 모델을 개발하거나 이용자를 연결하는 기본적인 골격의 의미를 가진다(이호영 외, 2014).

소셜플랫폼은 고도의 정보화를 촉진하고 소셜화를 통한 사회적 가치를 확산하는 기반으로, 국가 전반의 사회적 시스템의 원활한 기능을 지원한다. 소셜화는 사회적 연결망을 통해 정보의 신뢰성과 투명성을 제고하고 사회적 가치를 창출하는 것을 말한다. 그러므로 소셜플랫폼은 의사소통 등 일상생활에서부터 조직운영과 비즈니스에 이르기까지 인간 행위의 모든 분야에 걸쳐 사회관계적 역동성인 '소셜화'를 촉진하는 인프라를 의미한다(방송통신위원회, 2011).

소셜플랫폼은 다양한 세부 채널을 가지고 있다. 갈등에 대해서도 소셜플랫폼을 통해 많은 게시글이 발생하며, 개인 채널이나 커뮤니티 등에서 다양한 정보 및 의견을 교류한다. 또한 포털사이트 뉴스 댓글의 경우 주요 갈등에 관한 반응이 즉각적으로 나타나고 적극적인 의견표명이 나타나는 채널이라는 점에서 여론을 모니터링할 수 있는 주요한 매체로 볼 수 있다.

갈등은 반드시 두 사람 이상이 결합되어 있으며, 각자의 입장과 이해관계가 첨예하게 대립한다. 따라서 갈등을 분석하거나 이해관계를 분석할 때 소셜플랫폼은 입장이나 이해관계, 실익을 발

〈표 2.6〉 소셜플랫폼 채널 및 주요 사이트(2020. 04 검색)

채널	주요 사이트	비고
블로그	네이버, 다음, 티스토리, 이글루스 등	
게시판	네이트판, 엠엘비파크 등	
클럽(카페)	네이버, 다음	검색 비공개 카페 제외
전문사이트	디시인사이드, 뽐뿌, 클리앙, 오늘의 유머, 82쿡, 보배드림 등	
지식검색	네이버, 다음	
소셜미디어	트위터, 페이스북, 인스타그램	공개 계정 수집
동영상	유튜브, 네이버TV, 판도라TV 등	

견하는 좋은 도구로 활용할 수 있다. 그렇지만 갈등을 분석함에 있어 한쪽의 입장을 치우치게 들어서는 안 된다.

② 소셜플랫폼 분석방법

소셜플랫폼 채널을 통한 여론분석을 위한 데이터 수집 및 산출은 특정 프로그램을 통해서 시행할 수 있다. 소셜플랫폼 채널은 다양하게 있으며 유·무료로 서비스를 이용할 수 있다.

오디피아(ODPia, www.odpia.org)는 4개의 메뉴로 구성되어 있는데 그중 분석과 관련된 것은 3개이다. 첫 번째 메뉴는 Social

Analysis로 언론사/블로그/SNS 등 소셜미디어에서 언급되는 주제별 키워드를 분야에 따라 분류한 것이다.

두 번째는 Data Alliance로 공공기관에서 공개한 데이터를 표준화한 형태로 다운받거나 오디피아 분석툴로 분석할 수 있다. 이 메뉴에서는 국내에 공개되어 있는 공공데이터를 카테고리별로 한번에 볼 수 있어서 빅데이터를 수집하는 데 매우 용이하다. 일반 행정 분야에서는 공공기관 알리오, 행정자치부-내고장알리미, 정부조직관리정보시스템 등의 데이터를 제공하고 있다. 실제 사이트로 연결되며, 사이트에서 공공갈등이나 갈등상황을 분석할 수 있는 자료를 연결하여 검색할 수 있다. 모든 주제 영역에서 데이

[그림 2.10] 오디피아 홈페이지

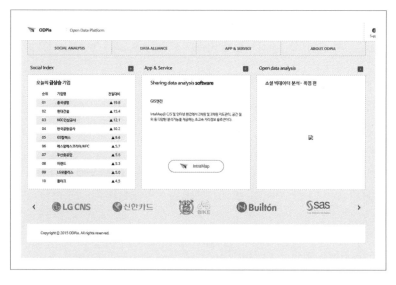

터의 수집이 가능하며, 기관, 기업 등 다양한 출처의 산발적으로 관리되는 데이터를 수집하여 통합하고, 주제 영역별로 데이터를 정제하여 보다 쉽게 분석이 이루어지고 인사이트를 도출하는 데 용이하다.

세 번째는 **App & Service**로 빅데이터 분석과 관련이 있는 어플리케이션과 서비스를 등록하고 공유할 수 있는 메뉴이다. 실제 데이터 분석을 위한 어플리케이션과 서비스를 찾고, 데이터 분석을 위한 도구를 쉽게 이용하고 공유할 수 있는 장점이 있다.

소셜 맵은 일(Day)과 주(Week)로 구분하여 언론/블로그/SNS에서 언급되고 있는 빅데이터를 수집하여 일상, 장소, 시간, 인물, 관심사, 감성, 행동, 제품으로 분류하여 언급 규모를 시각화한 것이다. 소셜 맵을 사용하여 최근에 가장 이슈가 되는 키워드를 확인하고 분석할 수 있다. 실제 소셜 맵은 다른 메뉴보다 소셜 분석을 보다 효율적으로 도와주는 메뉴이다.

소셜 맵을 사용하여 갈등연구를 진행할 경우 보고서에서 소셜 맵의 비주얼적인 면을 강조할 수 있다는 장점이 있다. 그러나 소셜 맵이 유료서비스로 제공되는 경우가 있어서 한계가 있을 수 있다.

텍스톰(textom, www.textom.co.kr)은 텍스트마이닝 기술을 이

[그림 2.11] 소셜 맵(2020. 08. 30.)

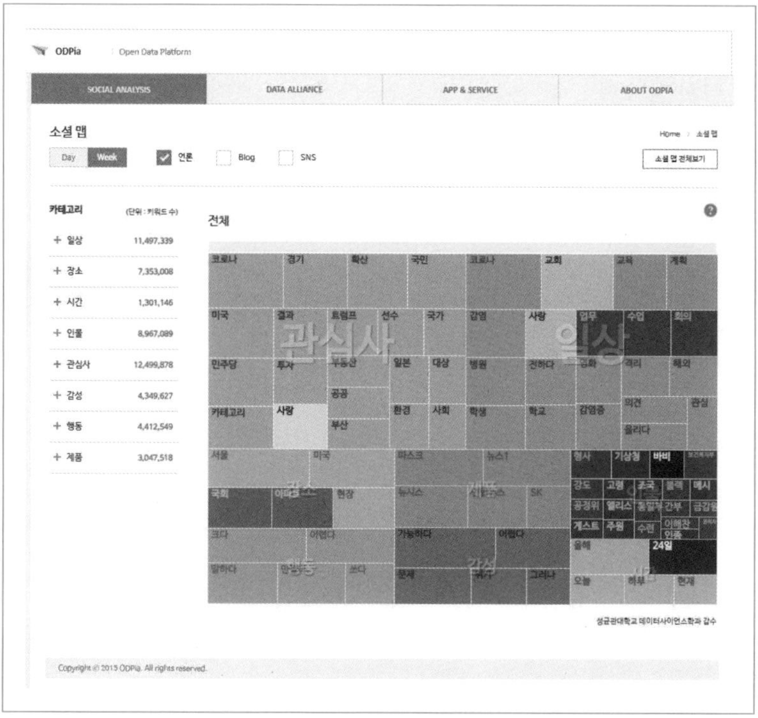

용한 빅데이터 분석 솔루션으로 웹 환경에서 데이터를 수집하여 정제하며, 매트릭스 데이터 생성까지 처리할 수 있는 프로그램을 말한다. 네이버, 다음, 구글뿐 아니라 바이두, 트위터, 페이스북 외 특정 사이트를 포함한 다양한 수집 채널을 지원한다.

수집데이터와 보유데이터를 모두 처리할 수 있도록 분석방법을 제공하고 분석결과를 SPSS, UCINet, NodeXL, NetMiner, Pajek, Gephi 등 다양한 통계분석 프로그램에 적용하여 활용할 수 있다. 수집데이터는 텍스톰이 자동으로 수집하고 정제하는 데이터를 말한다. 소셜플랫폼 내에서 연구를 위한 키워드를 선정하여 분석하고, 이를 활용하여 갈등과 관련된 동향을 파악하는 기초자료로 활용한다. 또한 텍스톰을 활용하여 보유데이터로 다양한 분석을 진행할 수 있다. 보유데이터는 연구자가 직접 수집한 엑셀 보도자료를 비롯하여 공존협력연구소 DB의 전국신문 및 지역신문의 언론보도 DB를 활용할 수도 있다.[2]

③ 소셜플랫폼 내 여론분석

소셜플랫폼을 통해 갈등에 대한 여론 모니터링을 시행한 후 갈등이슈의 찬성과 반대, 그리고 중립의 입장으로 각 이슈를 분류하는 것이 필요하다. 갈등을 바라보는 관점을 확인하기 위한 인터뷰를 진행하기 어렵거나 입장을 파악하기 어려울 때 소셜플랫폼 내에서 입장을 확인할 수 있다. 또한 소셜플랫폼은 특정 갈등을 다각적으로 분석하기 위하여 갈등의 동향을 살피는 데 활용할 수 있다. 단, 소셜플랫폼 내 여론분석은 갈등이슈에 관한 집단의 흐름이 강조될 수 있다는 점에서 주의해야 한다.

---

2 신문기사 제목을 기초자료로 하여 네트워크 분석, 토픽 모델링 등의 분석을 진행할 수 있다. 구체적인 진행방법은 제5장 갈등자료 구축 및 활용에서 소개한다.

3 현장 모니터링

현장 모니터링은 갈등이 발생하여 인식된 이후 갈등의 현장을 모니터링하는 것을 말한다. 현장 모니터링은 갈등사례를 문헌을 통해 분석하는 갈등사례분석, 실제 갈등현장을 답사하는 현장답사 및 인터뷰 진행 등이 있다. 현장 모니터링은 갈등 모니터링 과정 중에서 가장 주의를 기울여야 하며, 연구자의 개인적인 능력이 가장 강조되는 단계이다.

(1) 갈등현장답사

갈등현장답사는 연구자가 직접 갈등현장을 방문하여 갈등을 관찰하고 특이사항을 확인하는 과정이다. 갈등현장은 다른 연구 분야의 현장답사와는 달리 이해관계가 복잡하고 갈등과 관련한 사항이 매우 예민하기 때문에 갈등현장의 답사는 세심하게 기획되어야 한다.

갈등현장답사를 위해서는 답사 예정일시, 목적, 장소, 내용, 유의사항 등을 먼저 계획해야 한다. 특히 유의사항은 갈등현장의 특성이나 갈등현장에서 확인할 사항들을 정리해야 한다. 그리고 현장답사 후 답사일, 답사한 사람, 답사장소, 갈등현장 사진, 갈등의 개요, 답사개요, 답사 후 전개사항 및 특이사항 등을 정리해 둔다.

[그림 2.12] 갈등현장 모니터링 예시

안양시 시외버스터미널 부지 특혜 갈등

사건일지	2019년 12월 중순~현재
장소	경기도 안양시 동안구 귀인동, 평촌동 일대
답사자	최00
답사일정	2020. 2. 18. 15:30~17:00 범계역으로 이동 17:00~17:30 안양시청으로 이동 17:30~18:30 농수산물시장 부지 현장답사 18:30~19:30 인근 아파트 단지 현장답사
사진	

사건개요	경기도 안양시 귀인동에 위치한 옛 시외버스터미널 부지는 자동차 정류장 설치 필요성에 따라 일반상업용지 내에 도시계획시설인 여객 자동차터미널 용지로 조성되었으나 분진, 소음, 교통난 등의 주민 우려에 따라 설치가 장기간 난항을 겪으며 20년 이상 나대지 상태로 방치되어 왔다. 해당 부지에 대해 1995년 LH가 모 업체와 195억원에 매각 계약을 체결했지만, 잔금 미납 등으로 2000년 계약이 해지됐다. LH는 2014년 442억원에 토지공급 매각 공고를 냈지만, 수차례 유찰됐다. LH는 2016년 행복주택을 검토했으나 주민 반발로 무산돼 다시 매각 공고에 나섰고, 2017년 6월 예정가인 594억원보다 2배 가까운 1천100억원을 제시한 해조건설에 매각된 상태다. 최대호 시장 가족회사인 필탑학원은 상호변경을 통해 지난 2017년 2월 해조건설에 양도되었으며, 해조건설의 실소유주가 최 시장이라는 의혹이 제기됐다. 이 부지는 인근에 인덕원~수원 복선전철 역사 신설이 계획되어 있어 개발가치가 높은 곳이다. 지하철 4호선, 서울외곽순환도로 등과 접해 있어 서울과 수도권 접근성도 좋아 주변의 관심이 높다. 지난해 10월 해조건설의 수탁사인 코리아신탁은 용적률 150%인 버스터미널 부지를 '일반상업지역 용도에 맞게 800%로 변경해 달라'며 안양시에 '평촌신도시 자동차사업부지 지구단위계획 변경(안)을 제출한 상태다. 이에 대한 특혜성 시비를 놓고 최대호 안양시장과 안양시 동안구을 심재철 국회의원 간 갈등이 빚어졌다. 심 의원은 2월 6일 국회 정론관에서 열린 기자회견에서 최근 안양시가 귀인동 옛 터미널 부지의 지구단위 계획변경을 통해 용적률을 기존 150%에서 800%로 올리고 49층 오피스텔 6개동 1200세대를 건축하기 위한 설명회를 열어 주민들의 반발을 사고 있다고 비난했다. 심 의원에 따르면 지난 2017년 최대호 안양시장이 대표이사로 등록되어 있던 해조건설이 LH로부터 이 부지를 매입하였고, 안양시는 당초 이 부지에 대한 용도변경 불가 입장에서 최대호 시장이 당선된 이후 용적률을 800%로 변경하겠다고 나섰다. 안양시는 2월 6일 즉각적으로 심 의원의 주장에 대한 반박문을 발표하였다. 안양시는 현재까지 해당토지에 대한 지구단위계획 변경과 관련하여 열람공람 절차와 설명회 등 어떠한 행정행위를 한 사실이 없고 옛 시외버스터미널 부지는 최 시장이 아닌 조모 대표가 매입한 것으로 사실과 다르다고 밝혔다. 시는 이와 함께 여객터미널로의 용도변경 폐지는 전임 시장(민선6기)이 LH에서 지구단위변경 문의를 해와, 합리적 토지이용계획에 따라 용도폐지가 가능하다는 의견을 통보했으며, 이후 LH는 '2020년 7월 1일 도시계획시설 실효예정'이라는 공고를 했고, 법령에 위배됐음에도 별다른 조치를 취하지 않은 사실 또한 전임 시장 때 이뤄진 것이라고 주장했다.

갈등현장답사는 연구자가 직접 확인한 정보이기에 자료를 믿을 수 있으며, 생생한 자료를 얻을 수 있다는 장점이 있다. 또한 갈등현장에서 자료를 통해 확인하기 어려웠던 새로운 사실에 대해서 알 수도 있다. 그러나 갈등현장에 직접 찾아가야 한다는 점에서 시간과 비용이 많이 소요된다. 갈등현장답사를 위해서는 사전조사가 많이 필요하다. 갈등현장을 직접 관찰하면 연구자가 갈등에 대한 이해의 폭이 깊어질 수 있다는 장점이 있지만, 연구자의 관점과 순간의 상황을 파악하는 데 그칠 수도 있어서 믿을 수 있는 내용인지 확인하기 어렵다는 단점이 있다.

(2) 갈등인터뷰

① 갈등인터뷰의 의의

인터뷰는 연구자와 참여자 간 언어적 상호작용을 매개로 하여 자료수집이 이루어지는 것이다. 인터뷰는 사회과학연구의 자료수집에서 가장 보편적으로 활용되는 방법이지만, 갈등상황에서의 인터뷰는 갈등을 명확하게 이해하고 확인한 후 진행해야 하는 민감한 연구방법이다. 인터뷰는 어떠한 정보를 구하는 사람과 관련된 정보를 가지고 있는 사람 사이에서 이루어지는 언어적 의사소통의 과정이지만, 의사소통의 전제가 친밀감을 매개로 하는 것은 아니다. 즉, 인터뷰는 일정한 정보를 습득하려는 뚜렷한 목적의식을 바탕으로 이루어져야 하기에 형식과 구조를 가지며, 연구자가 관심을 갖는 주제와 관련한 지식의 생산을 목적으로 이루어지는 의도적인 대화이다.

한편 인터뷰는 인터뷰 진행자의 개인적인 자질이나 능력, 갈등에 관한 관심 정도나 익숙한 정도 등에 따라서 매우 다른 결과를 가져올 수 있다. 특히 갈등의 경우 갈등사례에 대하여 깊은 관심을 지니고 꾸준하게 갈등을 연구한 숙련된 연구자와 갈등사례를 단편적으로 알고 있는 연구자의 차이가 뚜렷하게 나타난다. 그러므로 갈등상황에서 인터뷰를 진행하기 위해서는 반드시 연구자가 자신이 연구하는 사례와 관련하여 폭넓은 자료수집을 통해 통합적인 사고를 지니고 있어야 한다.

갈등인터뷰는 첨예한 갈등상황 속에서 언론보도 자료나 문헌자료 등으로 확인하기 어려운 현장에서만 느낄 수 있는 내용들을 세부적으로 파악할 수 있다는 점에서 의미가 있다. 그리고 일반에 공개되지 않은 언론자료, 문헌자료 등의 자료를 확보할 수도 있다. 또한 현장상황의 생생한 이야기를 청취할 수 있고 이해관계자의 입장을 파악할 수 있어 내부사정과 실제 원하는 사항, 이해관계자의 관심사 등을 파악하는 데 도움이 된다.

② 인터뷰 진행자의 태도
갈등인터뷰 진행에서 반드시 전제되어야 할 것은 인터뷰 진행

자인 연구자의 중립성과 전문성 그리고 공정성이다. 갈등상황에서 이해관계자를 인터뷰하는 것은 민감한 사항이다. 이에 인터뷰를 진행하면서 연구자가 반드시 고려해야 할 것은 먼저 중립성이다. 연구자는 갈등을 연구하기 위하여 이해관계자를 방문하였으며 인터뷰를 하고 싶다는 의사를 명확하게 드러내고, 인터뷰를 통해 수집한 자료는 어떠한 상황에서도 연구데이터 이외의 자료로 활용하지 않음을 밝혀야 한다. 만약 연구자가 갈등상황에 대하여 중립성을 지키기 어렵다고 판단될 경우 인터뷰는 다른 실행자가 진행하는 것이 좋다.

두 번째 고려해야 할 것은 인터뷰 진행자의 전문성이다. 인터뷰는 사람과 사람의 만남이다. 인터뷰를 진행함에 있어 상황에 맞도록 외형을 준비하고 말투도 확인해야 한다. 자신의 의견을 명확하게 전달할 수 있어야 하며, 상대방이 이야기를 편하게 할 수 있도록 올바르게 듣는 자세를 갖추어야 한다. 인터뷰는 언어 소통을 전제로 한다는 점에서 인터뷰를 진행하는 진행자의 언어적 능력이나 문해수준, 이해능력에 영향을 받을 수 있다. 특히 갈등상황에서 인터뷰 대상자들은 자신의 이야기를 들어주지 않는 상대방으로 인하여 화가 난 상태일 수 있으므로 인터뷰 진행이 순조롭지 않을 수도 있다.

이에 인터뷰는 두 명 이상이 진행하는 것이 바람직하다. 인터뷰를 진행하는 진행자가 질문을 하고 대답을 유도하며, 다른 한

명은 인터뷰의 진행상황을 보조하는 역할을 수행한다. 두 사람 이상의 인터뷰 진행자가 인터뷰를 실행하면 상호보완하고 인터뷰 내용을 기록할 때도 객관적으로 기록하는 장점이 있다. 인터뷰 진행자는 대상자를 섭외하는 과정에서 인터뷰 대상자에게 인터뷰 진행자가 한 명 이상임을 반드시 밝혀야 한다. 인터뷰 대상자가 인터뷰 진행자가 한 명 이상임을 고지받고 불편함을 드러낸다면 인터뷰는 혼자서 진행해야 한다.

세 번째 고려해야 할 것은 인터뷰 진행자의 공정성이다. 여기서 공정성은 인터뷰 대상자 모두에게 같은 수준으로 질문해야 함을 의미한다. 갈등상황에서 찬성과 반대 입장을 가진 인터뷰 대상자들이 자신들에게 불리한 질문을 한다고 느끼거나, 자신들의 의견을 무시한다고 느낄 경우에는 인터뷰 진행자에게 자신의 이야기를 하지 않을 수 있다. 이에 인터뷰 진행자는 반드시 인터뷰 과정에서 공정성을 지켜야 한다. 면담순서, 직위의 형평성, 균등한 시간 배정, 발언 순서 등에서 모두 공정성이 확보될 수 있도록 인터뷰를 설계해야 하는 것이다.

③ 갈등인터뷰의 과정

갈등인터뷰는 인터뷰 대상 선택, 인터뷰 절차 수립, 인터뷰 실행, 결과보고의 4단계로 진행된다.

제1단계: 인터뷰 대상 선택

첫 번째 단계는 인터뷰 대상 선택이다. 갈등현장에서 활동하는 정부, 사업주체(공기업, 사기업 등), 시민단체, 지역주민 등 갈등에 관계된 조직들의 카테고리를 구분한다. 각 카테고리별 문헌과 여론 모니터링 과정에서 등장한 주요 이해관계자를 정리하고, 각 카테고리에 속한 특정 조직들의 목록을 만든다.

목록을 만들었으면, 각 카테고리에서 한 명 이상의 인터뷰 대상자를 선택한다. 인터뷰 대상자는 연구자가 사전에 파악한 갈등현황을 중심으로 선택한다. 첫 번째 인터뷰 대상은 목록을 작성한 이후 연구자가 임의표본추출(convenience sampling)방법을 사용한다. 임의표본추출은 모집단에 대한 정보가 거의 없는 경우 표본 선정의 편리성에 기초하여 조사자가 마음대로 표본을 선정하는 것을 말한다. 임의표본추출은 다른 표본추출방법에 비하여 과정이 용이하고 여러 가지 제약으로부터 자유로운 편이다. 갈등인터뷰 대상인 직·간접 이해관계자는 갈등과 관련하여 자신의 이해(interests)를 가진 사람을 말한다. 이해관계자들은 인터뷰를 통해 자신의 의견을 드러내는 것을 불편해 할 수도 있고, 때로는 갈등연구자의 중립적인 인터뷰가 공식적인 과정이라고 여겨 인터뷰를 어렵게 할 수도 있다. 이에 갈등상황에서는 이해관계자에게 인터뷰를 요청한 후 실제 인터뷰에 응해 주는 사람들을 중심으로 연구자가 임의로 인터뷰를 시작하는 것이 훨씬 용이하다.

임의표본추출방법으로 첫 번째 인터뷰가 시작되었으면, 이후 인터뷰 대상은 누적표본추출(snowball sampling)방법으로 추가 선정하는 것이 좋다. 임의표본추출방법과 누적표본추출방법은 비확률적 표본추출(nonprobability sampling method)로서 조사자가 주관적으로 표본을 선정하는 표본추출방법이다. 확률적 표본추출이 표본의 대표성 확보와 오차의 추정 가능성이라는 기준에서 이상적이지만, 실제 연구조사에서는 확률적 표본추출이 불가능하거나 비현실적일 때가 많다. 특히 갈등이 발생하고 있는 민감한 상황에서는 대표성을 확보하는 표본추출방법으로 인터뷰를 진행하기가 어렵다. 그러므로 갈등인터뷰 대상 선정은 비확률적 표본추출방법으로 진행하는 것이 좋다(남궁근, 2017; Nachmias & Nachmias, 1987).

누적표본추출방법은 첫 번째 단계에서 연구자가 임의로 선정한 제한된 표본에 해당하는 이해관계자로부터 추천을 받아 다른 표본을 선정하는 과정을 되풀이하며 눈덩이를 굴리듯이 표본을 누적하는 방식이다. 즉, 인터뷰 대상자 선정을 주관자가 제공한 명단으로 파악된 우선 인터뷰 대상자군을 시작으로 하여, 우선 인터뷰 대상자가 추천한 인터뷰 대상자군 그리고 경우에 따라 한 번 더 확장하는 것으로 볼 수 있다.

[그림 2.13] 인터뷰 대상자 선정 예

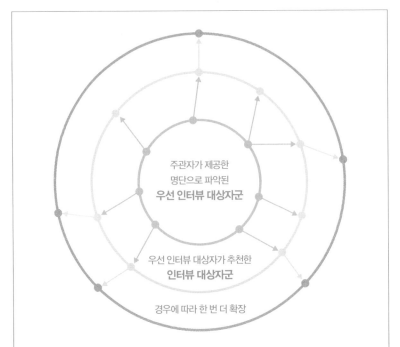

주관자가 제공한
명단으로 파악된
우선 인터뷰 대상자군

우선 인터뷰 대상자가 추천한
인터뷰 대상자군

경우에 따라 한 번 더 확장

출처: 서울시(2018).

연구자는 각 카테고리에서 임의로 추출한 첫 번째 인터뷰 대상
자와 인터뷰가 끝날 무렵 인터뷰 대상자에게 조사하고 있는 갈등
상황과 관련한 인터뷰 대상자를 추천받아 인터뷰를 진행한다. 누
적표본추출방법은 모집단을 잘 모르는 경우 또는 조사 대상자를
파악하기 쉽지 않을 때 활용하는 방법이다. 갈등인터뷰를 진행하
는 연구자는 갈등의 이해관계자만큼 갈등을 파악하기 어려우며,
실제 갈등과 관련한 주요 이해관계자를 파악하기도 어렵다. 따라

서 실제 갈등현장에서 갈등을 다루고 있는 이해관계자들에게 인터뷰가 가능한 사람을 추천받아 진행하는 것이 갈등의 본질을 파악하는 데 훨씬 용이하다.

인터뷰 대상자의 적절한 수는 정해져 있지 않으며, 갈등의 종류나 복잡성 그리고 분석자의 구성과 분석시한, 인터뷰 방법, 예산 등에 따라서 달라진다(서울시, 2018). 인터뷰 대상자는 해당 정책으로 인하여 직접적 또는 간접적인 영향을 받았거나, 받게 될 이해당사자(집단)의 대표로서 해당 조직 또는 개인의 이해관계를 잘 대변할 수 있는 사람으로 선정한다. 즉, 인터뷰 대상의 대표성이 중요한 것이다. 그리고 인터뷰 대상자가 실제 갈등상황이나 해결책에 대한 정확한 정보를 줄 수 있는지 확인해야 한다. 대상자

〈표 2.7〉 인터뷰 선정 대상자

---

① 해당 정책으로 인하여 직접적 또는 간접적 영향을 받았거나 받게 될 이해당사자(집단)의 대표로서 해당 조직 또는 개인의 이해관계를 잘 대변할 수 있는 경우
② 해당 정책과 관련된 갈등상황에 대한 내용을 잘 알고 있는 경우
③ 2인 이상의 이해당사자들로부터 인터뷰가 필요한 사람으로 거론되는 경우
④ 해당 정책의 실행 및 집행에 없어서는 안 되는 중요한 이해당사자(집단)로서 정부 부처 포함
⑤ 해당 정책의 실행 및 집행을 합법적으로 저지할 수 있는 힘이 있는 경우
⑥ 해당 정책에 영향을 받을 수 있는 이해당사자이지만 이를 인식하지 못하고 있거나 자신들의 이해관계를 대변할 만한 조직이 없는 경우

출처: 국무조정실(2016), 서울시(2018).

의 선정은 연구자가 임의로 하되, 첫 번째 인터뷰에서 다양한 내용을 얻지 못할 경우에는 추가적으로 반복 선정하여 갈등을 전체적으로 파악할 수 있도록 해야 한다.

임의표본추출을 거쳐 선정한 첫 번째 인터뷰 대상자들에게 연구자는 인터뷰를 요청한다. 정부나 사업주체, 시민단체의 경우 사무실에 연락을 취한 후 갈등상황을 파악하고자 하는 중립적인 연구자임을 밝히고, 갈등에 대한 세부적인 상황과 내용을 청취하고 싶다는 의사를 전달한다. 이때 갈등을 해결하거나 조정하는 역할을 수행하는 것이 아니라 갈등을 연구하는 중립적인 연구자임을 명확히 하고 접근해야 한다.

연구자는 인터뷰 대상자에게 사전에 유·무선으로 연락을 취하여 연구하고 있는 갈등의 주제와 목적을 간단하게 설명하고, 인터뷰를 요청한다. 그리고 인터뷰 대상자가 원하는 시간과 장소에 맞추어 인터뷰 실행자가 찾아갈 것임을 알린다. 인터뷰 대상자들은 안전하고 편안한 환경에서 자신들의 이야기를 할 수 있다. 갈등에

〈표 2.8〉 인터뷰 섭외 예시

안녕하십니까. 저는 갈등을 연구하는 연구자입니다(소속이 있을 경우에는 소속을 밝힌다). ○○갈등에 관한 연구를 진행함에 있어서 관련된 내용을 듣고자 인터뷰를 요청드리려고 전화 드렸습니다. 인터뷰 내용은 갈등과 관련된 상황을 청취하는 것으로 진행될 예정이며, 갈등을 진단하거나 갈등과 관련한 상황에서 어떤 입장을 전달하는 인터뷰가 아닙니다. 갈등과 관련한 질문에 편하게 대답해 주시면 됩니다.

관한 이해관계자의 입장을 인터뷰하는 것은 비밀 보장을 전제로 하기에 면담장소와 시간 등에서 인터뷰 대상자들이 최대한 불편하지 않도록 설계한다.

인터뷰 대상자가 최종적으로 확정되면, 인터뷰가 진행되기 전에 유·무선으로 인터뷰를 확인하여 인터뷰 진행에 차질이 없도록 한다.

제2단계: 인터뷰 절차 수립

두 번째는 인터뷰 절차의 수립이다. 인터뷰 절차는 인터뷰를 실행하기 전에 인터뷰 대상자에게 궁금한 내용이 무엇인지, 어떤 질문을 하는 것이 좋을지를 미리 설계하는 과정이다. 또한 인터뷰 대상자에게 제공할 수 있는 자료를 미리 제작하고, 인터뷰 진행에 필요한 서류도 확인해 둔다. 만약 인터뷰 대상자에게 받고 싶은 자료가 있다면 미리 이메일 또는 전화 등을 통해 인터뷰 당일 관련된 자료를 함께 받을 수 있는지를 질문하고 요청한다(실제 자료를 제공할 수 있음에도 불구하고 자료를 미리 요청하지 않아서 갈등과 관련한 중요한 자료를 놓치는 경우가 있다. 이러한 경우를 방지하기 위해 미리 자료를 요청하고 수령할 수 있도록 한다).

연구자는 먼저 인터뷰 대상자에 대한 정보를 확인한다. 연구할 갈등의 주제에 대하여 언론에서는 어떠한 태도나 입장을 지니고 있는지 확인한다. 이때 주의할 점은 인터뷰 대상자에 대한 정보를 가지고 있다고 해도 인터뷰가 진행되는 동안 인터뷰 진행자는 인터뷰 대상자에게 자신이 판단한 대로 질문하지 않아야 한다는 것이다. 특히 갈등과 관련하여 어떤 입장을 지지하거나, 의견을 가지고 있다고 밝히지 않도록 한다. 갈등과 관련하여 중립적인 자세를 강조하면서 연구를 진행할 필요가 있는 것이다.

인터뷰의 유형에는 구조화된 인터뷰와 반(半)구조화된 인터뷰, 비구조화된 인터뷰가 있다. 구조화된 인터뷰는 모든 질문이 순서대로 작성되어 있고 구체적으로 조직되어 있어서 인터뷰 진행자가 누구든지 질문 가능한 질문지를 말한다. 갈등상황은 첨예하게 대립하는 고조된 갈등도 존재한다. 이에 갈등인터뷰의 경우 연구자는 인터뷰를 통해 갈등에 관하여 듣고 싶은 정보가 무엇인지를 확인하고 질문을 작성한다. 질문은 갈등의 시작부터 갈등에 대한 입장, 자신과 생각이 다른 이해관계자에 대한 입장 등 카테고리를 나누어 체계적으로 작성하는 구조화된 인터뷰 양식으로 준비하는 것이 좋다. 구조화된 인터뷰 질문지는 첨예하게 대립하는 갈등상황에서도 인터뷰를 진행할 수 있게 해 준다. 그런데 구조화된 인터뷰는 인터뷰 진행자와 인터뷰 대상자의 생각을 확장하지 못하도록 하여 다양한 해석이나 독창적인 생각을 개진할 수 있는 가능성을 막는 문제가 있다. 그래서 갈등상황에 대한 질문은 구조화된 인터뷰 방식이 적절할 수 있지만, 갈등해소기법이나 갈등을 해결하기 위한 대안 등은 구조화된 인터뷰 방식이 적절하지 않다.

반구조화된 인터뷰는 엄격하게 질문을 준비하는 것이 아니라 참여자들에게 지식과 정보를 심층적으로 제공하고 실행자는 대상자의 대답에 맞추어 갈등을 이해하는 확장형 질문을 지속하는 방식이다. 반구조화된 인터뷰는 사회과학연구에서 실제로 많이 시행되는 방식이며, 유연한 인터뷰 질문을 통해 상황을 보다 깊이 이해할 수 있다는 장점이 있다. 그러나 갈등인터뷰에서는 적합하지 않을 수 있다. 반구조화된 인터뷰는 체계적인 질문이 없는 형식이기에 실행자가 갈등에 대한 의도나 편향된 입장을 드러낼 수도 있다. 인터뷰 진행자는 중립적인 관점에서 인터뷰를 진행하기 위해 노력하고 있지만, 일정한 부분에서 갈등상황에 공감하게 될 경우 인터뷰의 질문이 편향적으로 바뀔 수 있다는 점에서 위험하다(숙련된 진행자의 경우에도 자신의 삶과 연결된 갈등사례의 경우 내용에 공감할 수 있는 한계가 있다). 또한 갈등상황에 지나치게 몰입하여 입장을 드러내거나 동조할 경우에도 갈등상황에서 진행하는 인터뷰에서는 다소 위험할 수 있다.

비구조화된 인터뷰는 질문에 제약이 없이 자연스럽게 진행되는 일상적인 대화형식이다. 실제 갈등상황 중에서 첨예한 이해관계를 가지지 않은 갈등의 경우에는 비구조화된 인터뷰로 진행할 수도 있다. 그러나 갈등이 드러나서 인터뷰를 진행하는 경우 대부분 이해관계가 대립하는 갈등이며, 합의에 대한 의지나 갈등의 해소에 대한 노력의 수준 등은 동일할 수 있어도 갈등을 바라보는 입장과 태도는 같을 수 없다. 그러므로 갈등상황에서는 풍부하고 실질적인 경험 확보가 가능한 비구조화된 인터뷰가 다소 위험할 수 있다.

질문은 다양하게 작성하되, 인터뷰에서는 인터뷰 대상자에 맞추어 적절하게 활용할 수 있어야 한다. 인터뷰 진행자는 사례의 갈등을 왜 연구하는지 연구의 궁극적인 의도를 파악하여 그에 따른 인터뷰 유형을 결정해야 한다. 또한 주제에 대한 다양한 경험이나 친밀감을 높이기 위해 인터뷰를 진행하고 있지 않는다는 것을 다시 한번 확인하고 인터뷰의 내용을 갈등상황과 입장에 대한 심층적인 수집이라는 것에 주목하여 작성해야 한다.

인터뷰 대상자가 자신의 이야기를 편하게 서술하는 유형이라면 이야기를 듣고 갈등연구 방향에서 궁금한 내용을 간단하게 질문하는 비구조화된 인터뷰 유형으로 진행하면 된다. 그러나 인터뷰 대상자가 자신의 이야기를 잘 하지 않거나 불편해 하는 경우에는 구조화된 인터뷰 질문을 사용하여 인터뷰를 이어갈 수 있어야 한다. 이에 갈등상황에서 진행되는 인터뷰는 구조화된 인터뷰 질문지로 준비하고, 상황에 맞추어 활용하는 것이 좋다(물론 처음부터 구조화된 질문보다는 반구조화된 질문, 비구조화된 질문이 어울리는 갈등도 존재한다. 연구자는 갈등상황을 파악한 후 질문을 자유롭게 준비할 수 있어야 한다).

인터뷰 질문은 중립적이고 열린 질문으로 구성해야 한다. 예를 들어 "갈등상황에 대하여 찬성/반대하세요?"라는 질문은 진행자가 대상자에게 닫힌 결론을 가지고 하는 것으로 원하는 대답을 얻지 못한다(심할 경우 인터뷰가 중단될 수도 있다). 질문은 "갈등상황을 어떻게 생각하세요? 왜 갈등이 발생하였다고 생각하세요?"로 바꾸어야 한다. 특정 프레임에 갇히는 질문이 아닌 모든 가능성을 최대한 열어 두고 열린 사고를 할 수 있도록 중립적인 단어를 활용하여 질문해야 한다.

갈등인터뷰 질문은 일반 사회과학연구에서의 질문과는 달리 민감하게 작용할 수 있는 특정한 단체나 구체성은 최대한 배제하는 것이 좋다. 구체적인 상황을 설명하기보다는 당신의 입장을 충분히 이해하지만, 지금 상황이 어떠한지 그리고 차후 상황은 어떻게 진행될 수 있을지를 질문할 필요가 있다.

인터뷰 질문은 두 가지 이상의 내용을 동시에 질문하거나, 예 또는 아니오로 대답할 수밖에 없는 형태, 유도적인 성격이 강한 질문은 지양해야 한다. 이를 위해 질문을 만들고 연구자들과 공람하여 실제 인터뷰 질문이 어떻게 대답될 수 있는지 시뮬레이션할 필요가 있다. 갈등의 경우 협상을 유도하는 질문이나, 상대방 이해관계자에 대한 이해를 강요하는 듯한 유도적인 성격의 질문은 배제되어야 한다.

인터뷰 질문은 짧게 구성해야 한다. 인터뷰 질문이 길어질수록 대답이 짧아질 수 있으며, 이는 연구의 목적을 충분히 달성할 수 없게 한다. 대답을 충분하게 끌어낼 수 있어야 한다. 또한 인터뷰 도중 침묵이 흐를 경우 적당한 질문을 통해서 침묵이 흐르지 않도록 연결해야 한다.

실제 갈등상황에서 인터뷰를 진행하다 보면 이해당사자들은 갈등에 민감하여 자신들의 입장을 밝히는 것에 소극적인 경우가 많다. 인터뷰 실행자들은 인터뷰를 시작하는 과정에서 상황에 대한 간단한 질문이나 상황을 언급하며 갈등에 대한 관심이 많음을 표현하는 것이 좋다. 또한 이해관계자들의 입장을 이해하는 듯한 태도를 보이면서 인터뷰를 진행하는 것이 좋다. 단, 반드시 지켜야 할 것은 이해관계자들의 입장을 이해하는 태도에서의 공정성이다. 찬성과 반대 그리고 중립 이해관계자까지 모든 인터뷰 대상자들에게 공정한 태도를 보여야 한다.

인터뷰 진행자는 인터뷰가 진행될 때 필요한 자료를 준비해야 한다. 일반적인 사회과학 인터뷰의 경우에는 통계자료나 사례 등 보충자료를 준비하여 적절하게 인용할 필요가 있다. 그러나 갈등상황의 경우 자신의 이야기를 최대한 드러낼 수 있도록 유도해야

[그림 2.14] 인터뷰 질문(예)

민관학 연계 실시간 갈등지식정보관리시스템 구축 및 실용화 방안 연구를 위한 관계자 인터뷰

안녕하십니까?

본 연구는 한국연구재단에서 지원하는 학술지원사업 중 토대연구사업(NRF-2015S1A5B4A01036743)에 재원으로 진행이 되고 있습니다.
본 연구의 목적은 다양한 갈등현장의 목소리를 기록으로 남기고, 이를 공유하게 함으로써 향후 갈등이나 사회적인 문제를 해소하는 데 도움이 되는 학문적 기초자료로 활용하기 위함입니다.

본 설문조사의 응답 내용은 통계법 33조(비밀의 보호)에 의해 절대 비밀이 철저히 보장되며, 귀하께서 응답하신 내용은 학술적 내용 이외에는 활용되지 않습니다.

Ⅰ. 서울시 광화문광장 재구조화 사업 소개

1. 광화문광장 사업과 광화문광장추진단을 소개해주세요.

2. 광화문광장 조성과 관련하여 가장 중점을 두고 있는 부분이 무엇인지 소개해주세요.

Ⅱ. 광화문광장 재구조화 사업 관련 이슈(시민참여, 갈등 등)

1. 광화문광장 재구조화 사업과 관련하여 발생한 갈등에 관하여 이야기 부탁드립니다.

2. 광화문광장 재구조화 사업의 목적은 무엇입니까?

3. 시민적인 절차, 상향식 사업과 사회적 합의를 원하는 갈등이해관계자 또는 시민단체들과 어떻게 소통을 할 예정입니까? 갈등을 저감하기 위하여 어떠한 노력을 하고 계십니까?

4. 광화문광장을 조성하기 위한 시민참여 방안과 의견수렴, 시민 합의형성 방안 계획을 구체적으로 설명해주시기를 부탁드립니다.

5. 차후 계획은 어떻게 되는지 궁금합니다.

III. 광화문광장 조성을 위해 주목해야 할 부분

1. 광화문광장 조성을 위해 선행되어야 할 것이 무엇인지 궁금합니다. (정부와의 합의, 시민과의 소통 등)

2. 광화문광장이 나아가야 할 방향과 기대효과가 무엇인지 궁금합니다.

[그림 2.15] 인터뷰 수행 동의서(예)

인터뷰 동의서

본 연구는 한국연구재단에서 지원하는 토대연구사업(NRF-2015S1A5B4A01036743)에 재원으로 진행이 되고 있습니다.

본 연구의 목적은 다양한 갈등현장의 목소리를 기록으로 남기고, 이를 공유하게 함으로써 향후에 갈등이나 사회적인 문제를 해소하는 데 도움이 되는 학문적 기초자료로 활용하기 위함입니다.

본 연구의 인터뷰 내용은 학술적 내용 이외에는 활용되지 않습니다. 관련하여 인터뷰 당사자의 개인적인 정보에 대해서는 제공되지 않습니다. 언제든지 응답하신 분의 요청이 있으면 기록을 공개하지 않는 방향으로 전환할 수 있습니다.

만일, 한국연구재단 토대DB의 자료로 활용되어 일반에 공개되는 것을 원하지 않으시면, 옆의 박스에 체크해 주세요. (   )

2019.   .

인터뷰 대상자 서명   (인)

출처: 공존협력연구소 홈페이지

하는 상황이 많으며, 갈등에 대하여 수집한 공개자료들도 중립적인 입장의 자료가 아닐 수 있기에 자료를 지나치게 많이 준비하는 것은 도움이 되지 않는다.

갈등상황에서 이해관계자들은 정확한 사실에 근거한 잘잘못을 듣고 판단하는 것을 원하는 것이 아니라, 자신의 주장을 기반으로 상황을 설명하고자 하기 때문이다. 즉, 자신의 이해(interests), 신념(belief), 입장(position) 등을 알리고 주장하기에 인터뷰 진행자는 이해관계자들의 의견을 경청하여 갈등의 본질을 발견해야 한다.

인터뷰 절차의 설계에서는 인터뷰 대상자들에게 제공할 서류를 작성해야 한다. 인터뷰 대상자들에게 제공할 서류는 인터뷰 수행 동의서, 인터뷰 내용 공개 동의서, (비용이 지급될 경우) 비용에 필요한 서류 등이 있다.

제3단계: 인터뷰 실행

세 번째는 인터뷰의 실행이다. 인터뷰를 실행할 때 인터뷰 진행자는 먼저 대상자와 공감대를 형성해야 한다. 갈등인터뷰에서 공감대 형성은 인터뷰의 원활한 진행에 꼭 필요하다. 인터뷰가 안정적인 상황임을 인식하면 대상자들은 자신의 이야기를 자유롭게 펼칠 수 있다.

공감대를 형성하기 위해 인터뷰 진행자는 간단한 아이스브레

이킹을 해야 하는데, 이때 주의할 점은 갈등에 관련된 이야기나 사적인 영역에 관한 이야기보다는 연구와 무관한 가벼운 이야기로 시작해야 한다는 것이다. 연구할 갈등과 관련한 주제기사가 인터뷰 전에 언론을 가득 채워도 공감대 형성을 시작할 때는 날씨, 영화 등 연구와 무관한 가벼운 이야기로 시작해야 한다.

인터뷰가 시작되면 인터뷰의 개요와 진행방향을 알린다. 연구목적을 밝히고, 어떤 갈등을 연구하고자 하는지를 확인하는 것이다. 내용에 대한 보안이 지켜질 것임을 다시 한번 언급하여 비밀유지를 확인한다. 또한 대상자의 인터뷰 내용이 연구자료로 활용될 것임을 알리고 동의서를 받는다. 이때 녹음을 해도 되는지를 질문한다. 갈등상황에서의 인터뷰 녹음은 자칫 자신들의 입장을 고정한 것처럼 비추어질까 싶어 부담스러워하는 경우가 많다. 녹음을 하지 못하는 경우에는 인터뷰를 진행할 때 인터뷰 내용을 현장에서 메모하거나 기록한다.

인터뷰 실행에 있어서 신경 써야 할 요인은 환경적 요소이다. 인터뷰에는 전화, 서면, 대면 등의 유형이 있다. 전화 인터뷰는 시간과 장소의 제약이 없다는 것이 장점이지만, 인터뷰 대상의 표정을 알기 어렵고 진실성을 파악하기 힘들어 심층적인 취재가 어렵다는 단점이 존재한다. 서면 인터뷰는 이메일 등을 활용하는 인터뷰를 의미한다. 전화 인터뷰와 마찬가지로 시간과 공간의 제약을 받지 않지만, 작성자를 확인할 수 없어 신뢰도 측면에서 한계가 있다(뉴스와이어, 2016.02.03). 이러한 점을 고려하면 갈등상황의 경우 민감성을 전제한다는 점과 자신의 입장을 솔직하게 표현하는 것이 필요하다는 점에서 대면 인터뷰 방식이 가장 적합하다고 볼 수 있다.

전화나 서면으로 인터뷰가 진행될 경우 환경적 요소를 많이 고려하지 않아도 되지만, 대면 인터뷰에서는 환경적 요소가 큰 변수가 된다. 인터뷰를 진행하는 진행자의 표정, 몸짓, 분위기 등 비언어적 표현[3]을 최대한 줄이고 중립적으로 인터뷰를 진행하고 있다는 확신을 주어야 한다. 또한 전문용어나 행정용어 등은 최대한 자제하는 것이 좋다. 인터뷰 진행자가 자신의 전문성을 전문용어나 행정용어의 사용으로 보여 주려고 하는 오류를 범하기도 하는데, 이는 오히려 대상자들에게 자신이 원하는 바를 전달하지 못하게 하거나 상황을 오해하게 만들 수 있다. 그러므로 쉽고 보편적인 언어를 사용하고 해석하여, 대상자가 자신의 입장과 주장을 자세하게 표현할 수 있도록 해야 한다.

---

3 비언어적 표현이란 '표정, 몸짓, 손짓'을 말하며, '반언어적 표현'은 언어에 수반되는 음성적 요소로 '목소리의 억양, 어조, 강약, 높낮이' 등을 말한다. 비언어적 표현, 반언어적 표현은 언어적 표현과 함께 의사소통을 보조하는 수단이다(국립국어원 홈페이지).

인터뷰가 시작되면 진행자는 경청해야 한다. 인터뷰 대상자는 자신의 이야기를 듣는 인터뷰 진행자의 자세에 의해서도 영향을 받는다. 이해관계자가 이야기를 스스로 계속할 수 있도록 경청하는 자세를 보이며, 자신의 입장이나 갈등의 본질을 이해할 수 있는 질문이 나오면 추가 질문을 통해서 갈등을 제대로 파악할 수 있도록 해야 한다. 진행자가 질문하지 않았거나 갈등상황과 무관한 이야기가 길어지더라도 인내심을 가지고 경청해야 하며, 자연스럽게 질문을 하여 연구목적을 달성할 수 있도록 유도할 필요도 있다.

더불어 진행자는 대상자의 비언어적인 특징에 주목해야 한다. 갈등상황에서는 자신의 입장을 쉽게 드러내지 않는 경우가 많다. 이에 실제 갈등상황에서의 인터뷰 진행은 자신의 이야기를 솔직하게 하지 않는 경우가 많고, 이 경우 비언어적 표현으로 갈등이 드러나는 경우가 있다.

인터뷰 진행자는 인터뷰가 진행될 때 난감한 질문이나 정보를 제공할 수 없는 질문을 받았을 경우 질문에 대답할 수 없음을 분명하게 해야 한다. 갈등상황의 경우 연구자가 인터뷰를 진행하면 이해당사자들은 자신들의 입장이 다른 이해당사자에게 전달될까 싶어 걱정하기도 하고 또 갈등을 해소해 주기를 바라기도 한다. 진행자는 자신은 상황을 파악하고 연구하러 온 연구자임을 분명하게 밝히고, 갈등상황을 해소하거나 협상테이블을 마련하는 등의 역할을 수행하지 않는다고 해야 한다. 또한 다시 한번 대상자의 이야기를 반대편 이해관계자들에게 발설하지 않겠다고 강조해야 한다.

제4단계: 인터뷰 마무리 및 결과보고

인터뷰 결과, 인터뷰 내용 공개에 대한 동의서, 인터뷰 녹취록, 요약본, 주요 인터뷰 내용 등을 정리해야 한다.

참고문헌

국무조정실(2016). 〈공공기관의 갈등관리 매뉴얼〉.

김강민 외(2018). 〈갈등관리와 협상〉. 노스보스.

김도희(2020). 〈사례를 통해서 배우는 갈등해결의 지혜〉. 대영문화사.

남궁근(2017). 〈행정조사방법론〉. 법문사.

서울시(2018). 〈갈등관리매뉴얼〉.

서울시(2020). 〈갈등관리매뉴얼〉.

윤종설(2017). 〈공공갈등 영향분석제도의 운영활성화 방안에 관한 연구〉. 한국행정연구원 연구보고서.

이강원(2016). 갈등영향분석의 이해. 국민대통합위원회 공식블로그.

이선우(2017). 〈협상조정론〉. 한국방송통신대학교출판문화원.

이호영 외(2014). 〈소셜플랫폼과 미래사회 정책〉. 정보통신정책연구원 연구보고서.

정주진(2010). 〈공공갈등해결-정부, 기업, 시민단체를 위한 실천가이드〉. 아르케.

Boyd, D. M., & Ellison, N. B.(2007). Social network sites: Definition, history, and scholarship. *Journal of Computer-Mediated Communication*, 13(1), article 11.

Brahm, Eric(2003). "Conflict Stages." In Guy Burgess and Heidi Burgess (Eds.). Beyond Intractability. Conflict Information Consortium, University of Colorado, Boulder.

Fisher, S., Ibrahim Abdi, D., Ludin, J., Smith, R., Williams, S., & Williams, S.(2000). *Working with conflict: Skills and strategies for action*. Zed Books.

Nachmias & Nachmias. (1987). *Research Methods in the Social Sciences.* St. Martin's Press.

국립국어원 홈페이지 https://www.korean.go.kr/
국민대통합위원회 홈페이지 http://18pcnc.pa.go.kr/
방송통신위원회 홈페이지 https://kcc.go.kr/
지속가능발전위원회 홈페이지 http://ncsd.go.kr/
텍스톰 홈페이지 http://www.textom.co.kr/
행정안전부 홈페이지 https://www.mois.go.kr/
ODPia 홈페이지 https://www.odpia.org/

뉴스와이어(2016.02.03). "언론 인터뷰 준비 요령 7가지". (2020.05.01. 검색).

제3장

갈등지도

갈등지도 개념

갈등지도는 한국방송통신대학교 공존협력연구소에서 구축한 갈등지식정보시스템 중 하나로, 다양한 갈등사례를 시각화한 자료이다. 갈등지도는 갈등정보에 대한 접근을 용이하게 하며, 시각적으로 정보를 제공하고 있다.

공공갈등은 정부 및 공공부문이 갈등의 당사자 중 하나로 존재하고, 다수의 이해관계자 간 복잡한 갈등으로 시간의 흐름에 따라 계속 변화하는 특성이 있다. 또한 공공부문의 정책 및 사업의 진행, 자원의 배분, 시설의 입지 등의 과정에서 가치와 이해가 복합적으로 충돌하면서 갈등이 발생한다(Carpenter & Kennedy, 1988; 심준섭, 2014). 이러한 공공갈등의 특성을 중심으로 살펴보면, 공공갈등은 정부 또는 지방자치단체가 이해관계자로 참여하는 특성을 지닌다. 또한 지역의 정책이나 사업의 진행, 자원 배분, 시설의 입지 갈등은 특정한 공간을 중심으로 발생하는 경우가 많다. 이에 갈등지도를 통해 국내에서 발생하는 갈등을 전체적으로 살펴보고, 지역별로 갈등의 유형을 확인할 수 있다는 점에서 의미가 있다.

갈등지도는 지역종합일간지의 갈등보도 현황을 기본으로 하여 권역별(서울시, 강원도, 경기·인천, 충청·대전, 전라도, 경상도, 제주도)로 5,000여 건(2020년 7월 기준)의 데이터베이스를 통해 시각화되어 있다. 갈등지도는 각 지역에서 발생하고 있는 갈등의 개요를 지도상에 표기하고 있다. 각 지역의 갈등의 특징과 기간, 그리고 주체와 쟁점사항을 한눈에 볼 수 있으며, 필요시 각 갈등을 자세히 확인할 수 있다.

갈등지도는 입지갈등을 중심으로 기록되어 있다. 지도의 특성상 지리정보시스템(GIS)을 기반으로 갈등정보를 업로드해야 하며, 이에 지역이나 공간을 특정할 수 있는 갈등을 중심으로 지도에 갈등을 표시하였다.

갈등지도는 공존협력연구소에서 관리하고 운영하는 시스템으로, 연구소에서는 갈등지도를 지속적으로 업데이트하고 있다. 그러나 갈등은 매우 유동적이며 변화하는 특성을 지니고 있다. 따라서 갈등지도는 지속적으로 업데이트되어야 활용 가능하다.

이 책에서는 공존협력연구소가 구축한 갈등지도의 구성 및 특징을 살펴보고, 연구자가 직접 구축할 수 있는 지도 만들기 방법 중 하나인 커뮤니티 매핑 사례를 공유하고자 한다.

3.2 갈등지도의 구성 및 특징

갈등지도는 갈등기간, 갈등지역(광역, 기초), 갈등주제, 갈등주체, 갈등성격, 갈등쟁점사항, 갈등내용으로 구성되어 있다. 이 책에서는 갈등지도에서 활용한 갈등분석의 기준들을 설명하고, 갈등을 분석함에 있어 필요한 요인들에는 무엇이 있는지 확인하고자 한다.

[그림 3.1] 공존협력연구소 갈등지도

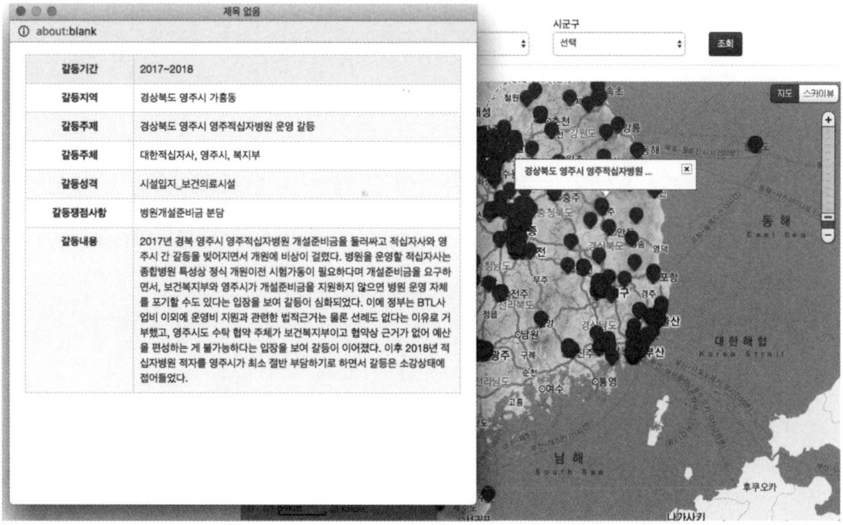

갈등분석은 갈등을 건설적으로 해결하기 위한 방법이다. 갈등 분석을 통해 갈등에 영향을 주는 요인이 무엇인지 분석하는 것도 중요하지만 갈등의 유발요인을 통합적이고 객관적인 관점에서 바라볼 수 있는 틀을 만들어 낸다는 것에 의미가 있다. 즉, 갈등분석은 갈등의 성격과 실체를 정확하게 파악하고, 갈등해결에 필요한 방안을 모색하는 데 그 의미가 있는 것이다. 따라서 갈등과 관련하여 다각적인 측면에서 정보를 수집하고, 수집된 정보에 대한 분류·정리·평가를 통해 정보를 해석하고, 관련성에 대하여 점검하고 갈등상황을 분석하는 전반적인 과정을 포함한다.[1] 갈등분석은 갈등해결을 위하여 필요한 사전단계이며, 중요한 절차적인 과정이다(김도희, 2020).

갈등지도는 갈등을 분석하는 데 필요한 요인들의 정보를 담고 있으며, 실제 갈등이 어디서 어떻게 발생하였는지를 시각화시켜 놓은 자료이다. 다시 말해 갈등지도의 구성요소는 갈등을 분석하는 기본적인 틀이라는 점에서 의미가 있다. 이에 갈등지도의 구성요소를 하나씩 살펴보고, 분석기준을 확인하고자 한다.

---

1 갈등분석과 관련된 세부적인 기법은 제2장 갈등 모니터링 자료에서 확인할 수 있다.

2 갈등지도의 구성요소: 갈등분석의 요인

(1) 갈등기간

갈등기간은 갈등의 발생부터 해결까지 소요된 기간이다. 그런데 갈등기간을 산정하는 것은 매우 어렵다. 갈등과 관련하여 외부에 있는 연구자의 입장에서 갈등의 발생시점을 언론보도에서 갈등이 보도되는 시점으로 정하는 경우가 대부분이지만, 실제 갈등은 이전부터 지속되었을 수 있다. 마찬가지로 갈등의 종료시점을 특정하는 것도 쉽지 않다.

한편 갈등기간은 갈등사례의 특성에 따라서 다르게 산정될 수 있다. 특정한 갈등의 경우에는 갈등이 시작되거나 마무리되는 사건이 발생하는 경우가 있으며, 이는 갈등기간이 명확하게 정해질 수 있다. 그러나 대부분의 갈등은 갈등기간을 산정하기가 매우 어렵다. 이에 선행연구에서는 갈등의 지속기간을 단기와 장기로 구분하기도 하였다. 그렇지만 갈등의 지속기간을 단기와 장기로 구분하는 것 역시 명확한 기준을 두기가 쉽지 않다.

(2) 갈등지역

갈등지역은 갈등의 발생단위가 광역인지 지방자치단체인지 구분하고, 지역을 특정할 수 있다면 특정해야 한다. 갈등지역은 입지갈등의 경우 특정하기 용이하지만, 정책갈등이나 기타 갈등의 경우에는 특정하기 어려울 수 있다. 이에 갈등지도에서는 갈등의 발생단위가 정확하고, 지역을 특정할 수 있는 갈등으로 구성되어 있다. 갈등지역을 특정할 수 있는 대표적인 입지갈등에는 님비(NIMBY, Not in my back yard)시설갈등과 핌피(PIMFY, Please in my front yard)시설갈등이 있다.

님비시설갈등은 자원에 대한 극명한 기피를 표출하는 상황으로 자원의 이용에 따른 편익과 비용부담을 분리시키는 외부 효과에 따른 이익갈등을 말하며, 핌피시설갈등은 자원에 대한 극명한 선호를 표출하는 상황으로 자원의 이용에 따른 편익과 비용부담을 분리하는 외부 효과에 따른 이익갈등을 말한다(권경득·이광원, 2017).

갈등발생지역은 먼저 특별/광역/도 단위로 구분할 수 있다. 갈등이 발생한 지역의 범위를 우선하여 나누는 기준이다. 이후 기초단위로 지역을 선정하고, 필요시 기초단위를 추가할 수 있다.

갈등지역을 선정할 때 고려해야 할 사항은 갈등이 실제 발생한 지역이 어디인지를 확인하는 것이다. 갈등은 많은 지역에서 동시다발적으로 발생할 수 있으며, 특정한 지역을 선정하는 것이 어려울 수도 있다. 이 경우 연구자 스스로 갈등지역을 선정해야 한다. 이때 연구자는 갈등지역을 정하는 기준을 확인해야 한다.

(3) 갈등주제

갈등주제는 갈등의 사례명을 의미한다. 입지갈등의 경우 특정한 지역과 발생원인을 담은 갈등주제로 사례명을 정할 수 있다. 갈등의 성격이 드러날 수 있도록 주제를 선정해야 하는데, 갈등주제는 갈등분석에서 가장 기본적인 자료 역할을 한다는 점에서 의미가 있다. 또한 갈등주제는 갈등을 실제 검색하는 데 활용되는 주제어 역할을 한다. 간결하며 갈등의 성격이 잘 드러날 수 있는 키워드로 설정되어야 한다.

(4) 갈등주체

갈등을 분석하기 위해서는 갈등주체(당사자)인 이해관계자에 대한 명확한 분석이 필요하다. 갈등지도에서 표현되고 있는 공공갈등의 경우 이해관계자가 다양하고, 복잡한 갈등의 양상을 보여 갈등해결이 용이하지 않은 경우가 많다. 이에 갈등의 주체를 정확하게 파악해야 한다. 갈등주체는 이해관계자와 동일한 분류로 볼 수 있다.

갈등의 이해관계자는 갈등의 주요 당사자(primary parties)인 직접 이해관계자와 2차 당사자(secondary parties)인 간접 이해관계자 그리고 주변 당사자(peripheral parties)로 구분할 수 있다. 주요 당사자는 갈등에서의 주된 행위자를 말하며, 이들의 목표 혹은 이해가 다른 이들과 양립할 수 없다. 주된 행위자인 직접 이해관계자들이 양립 불가능한 목적을 추구하는 과정에서 갈등이 발생한다. 2차 당사자인 간접 이해관계자는 직접적인 이해관계가 있는 것은 아니며 직접적으로 의사결정에 참여하지는 않지만, 잠재적으로 갈등의 이해관계자 범위에 포함되어 쟁점에 따라서 직접 이해관계자(주요 당사자)가 될 수도 있는 주체를 말한다. 주변 당사자는 갈등과 결과에 관심을 가지고 있지만, 직접적으로 영향을 받지 않는 사람들을 말한다. 이에 해당하는 사람들은 미디어와 일반대중 등이다.

갈등지도는 갈등주체 중에서도 직접 이해관계자를 중심으로 정리하고 기록한다. 갈등지도의 경우 갈등정보를 시각적으로 표현한다는 의미가 있기 때문에 이해관계자가 누구인지를 보여 주는 것이다.

(5) 갈등성격

갈등성격은 갈등의 발생요인으로 볼 수 있다. 성격은 다양하게 표현할 수 있는데, 공존협력연구소에서 제공하는 갈등지도에서는 갈등의 성격을 다음과 같이 분류한다.

건설정책갈등, 방송통신정책갈등 등 정책갈등과 노사갈등, 환경갈등, 도시계획갈등 같은 갈등분류, 그리고 갈등지도에서 가장 많이 차지하는 시설입지갈등으로 구분되어 있다. 그리고 시설입지갈등의 경우 가스저장소, 공항, 교정시설, 원자력시설, 대체에너지발전시설 등 각 시설의 유형을 정리하여 갈등을 분류하였다.

실제 갈등사례를 조사하는 과정에서 주제의 기준이 계속 추가되는 구조이다. 갈등은 복잡하게 연결된 특성이 있기 때문에 갈등성격은 공통적인 주제요인으로 묶을 수 있다면 추가할 필요가 있다.

(6) 갈등쟁점

갈등쟁점은 크게 이익갈등과 가치갈등으로 구분될 수 있다. 가치갈등은 신념, 의견, 생각이 다른 사람들 사이에서 서로 상충되어 발생하는 갈등으로 본인의 정체성에 영향을 미치는 가치가 서로 대립할 경우 발생한다. 예를 들어 종교갈등, 정치갈등, 개인적이거나 문화적 경험의 정체성 차이로 인한 갈등을 말한다. 이익갈등은 자신과 동일한 희소자원을 획득하기를 원하고 있다고 인식하는 경우 서로 자신의 몫을 키우기 위해 경쟁하는 이해갈등을 말한다(심준섭 외, 2008).

갈등지도에서는 이익갈등과 가치갈등 중에서도 실제 세부적인 쟁점이 무엇인지를 코딩하여 기록하였다. 갈등지도를 만드는 것은 연구자가 기준을 정하는 과정으로, 갈등쟁점도 어떻게 설명할지 확인해야 한다.

(7) 갈등발생의 주요 내용

갈등발생의 주요 내용은 갈등이 실제 발생한 이후의 갈등에 대하여 기술한 자료이다. 신문기사에서 발췌한 내용을 기반으로 설명하는 것으로, 육하원칙기법에 따라 실제 갈등상황이 어떠한 모습이었는지를 확인한다.

참고문헌

권경득·이광원(2017). 공공정책 갈등사례 DB구축 및 갈등사례 유형 분석. 〈행정논총〉, 55(1): 77-106.

김도희(2020). 〈사례를 통해서 배우는 갈등 해결의 지혜〉. 대영문화사.

심준섭(2014). 〈갈등관리 Role Model 확산을 위한 연구〉. 국무조정실 연구보고서.

심준섭 외(2008). 〈협상의 이해〉. 박영사.

Carpenter, S. L., & Kennedy, W. J. D.(1988). *Managing Public Disputes: A Practical Guide to Handling Conflict and Reaching Agreements*(정주진 역, 〈공공갈등 해결: 정부, 기업, 시민단체를 위한 실전 가이드〉, 아르케), Jossey-Bass Publishers.

제4장

갈등체크리스트

4.1 갈등체크리스트 개념

갈등체크리스트란 갈등상태를 진단하고 처방을 제시하는 것으로 전문가를 통한 갈등진단이 어려운 경우 제시된 질문에 대한 답을 통해 갈등의 해결방안을 마련할 수 있도록 구축해 놓은 시스템이다. 갈등분야 전문가들이 갈등영향분석을 수행하면서 축적한 지식을 통해 누구나 인터넷을 통해 갈등상태를 진단할 수 있도록 시스템을 제공하였다.

갈등체크리스트는 전문가들이 다양한 상황에 대한 조사·분석을 통해 실시하는 갈등영향분석과는 다소 차이가 있다. 하지만 개인 또는 조직이 처한 상황에 대해 객관적인 진단을 시급히 해야할 경우, 또는 예산상의 문제 등으로 전문가를 활용한 심층분석이 어려운 경우에 유용하다. 갈등체크리스트 역시 전문가들이 경험과 지식을 축적해서 구현한 것이기 때문이다. 또한 각 단계에 대한 진단이 종료되면 전문가를 통한 온라인 상담이나 대면상담 등 원하는 유형의 상담이 이루어질 수 있도록 상담시스템과 연계되게 하였다. 전문가 연계시스템은 갈등분야의 전문가가 누군지 모르거나 연락을 취할 방법을 모르는 경우 전문가와의 매칭이 편리하게 이루어질 수 있도록 하는 기능이다.

갈등체크리스트의 목적은 갈등상황에 대한 객관적인 기준을 토대로 진단하고 전문가의 처방을 받는 것에 있다. 더불어 갈등관리를 통해 사회비용의 최소화와 갈등해소에 유용한 도구로 활용되는 것이다.

4.2 갈등체크리스트의 구성 및 특징

현재 구현되어 있는 갈등체크리스트는 2개 차원으로 구분되어 있다. 갈등상황에 대해 간단한 진단을 할 수 있는 제1단계 갈등체크와 보다 심층적 진단이 이루어질 수 있는 제2단계 갈등체크이다. 제1단계는 간단체크이며, 제2단계는 상세체크로 불린다.

간단체크는 이해관계자를 기준으로 조직과 개인으로 구분되어 있으며, 갈등상황과 갈등관리영역으로 분리되어 진단과 처방이 제시될 수 있도록 구조화되어 있다. 즉, 조직과 개인은 각각 직면하고 있는 갈등상황이나 갈등관리영역에 대해 진단받을 수 있으며, 진단을 통한 처방이 제시된다. 비교적 적은 수의 질문을 통해 상황에 대한 점검이 이루어지는 형태로 이해할 수 있다.

상세체크는 갈등단계를 기준으로 갈등 전, 갈등 중, 갈등 후로 구분되어 있다. 이들은 각각 갈등행위자, 갈등행위, 갈등쟁점, 감정, 상황, 조직 및 기관으로 구분되고 각 항목은 세부적으로 다른

[그림 4.1] 갈등체크리스트 구조도

질문으로 구성되어 있다. 갈등행위자는 갈등의 상대방, 정책추진자, 전문가, 제3자에 대한 질문으로 구성되어 있다. 갈등행위는 정책결정 및 갈등관리방식, 집회 및 시위, 민원상황에 대한 질문으로 구성되어 있다. 갈등쟁점은 특성과 주제로 구분되어 있는데, 이들 항목에서 다시 세부적인 질문이 제시된다. 감정은 별도의 항목 구분 없이 몇 개의 질문이 제시되며, 상황은 사건발생, 언론, SNS, 정치상황 등의 항목으로 구성되어 있다. 조직 및 기관은 기관의 갈등관리역량과 담당자의 갈등관리역량에 대한 세부 질문으로 구성되어 있다. 모든 항목에는 세부 질문이 포함되어 있다. 각 항목에 대한 점수를 종합하여 갈등수준의 심각성 정도를 제시하고, 응답에 적절한 처방이 제공된다.

1 갈등체크리스트 간단체크

간단체크는 개인과 단체로 구분되어 있는데, 이는 이해관계에 따라 갈등의 대처방안이 상이하기 때문에 분류해 놓은 것이다. 또한 개인과 단체에 대한 질문 제시도 상이하므로 이해관계에 따른 갈등상황에 대한 처방을 제시할 수 있다.

간단체크는 약 4~5개의 질문을 제시하고 응답할 수 있도록 되어 있다. 응답은 예(yes), 아니오(no), 그럴 것이다(maybe)에 대해 선택하도록 구성되어 있으며, 응답자들은 복잡하지 않은 몇 개의 질문에 대한 응답을 통해 갈등상황을 진단하고 처방받을 수 있다.

조직이나 단체를 대상으로 진행되는 간단체크의 문항은 〈표 4.1〉과 같다. 질문은 갈등상황과 갈등관리역량으로 구분된다. 연

〈표 4.1〉 조직 대상 갈등체크리스트: 간단체크

구분	질문	응답
갈등상황	갈등이 발생하였습니까?	yes
		maybe
		no
	현재 사업의 진행은 어느 정도입니까?	기획단계
		집행단계
		집행 후 단계
	갈등 상대방을 알고 있습니까?	yes
		no
	제3자의 개입이 있습니까?	yes
		maybe
		no
갈등관리역량	귀하의 조직에 갈등관리 전담조직이 있습니까?	yes
		no
	귀하의 조직에 갈등관리 매뉴얼이 있습니까?	yes
		no
	귀하의 조직에 갈등관리 교육 프로그램이 있습니까?	yes
		no
	귀하의 조직이 유사한 갈등을 관리해 본 경험이 있습니까?	yes
		no

출처: 공존협력연구소 홈페이지

〈표 4.2〉 개인 대상 갈등체크리스트: 간단체크

구분	질문	응답
갈등상황	갈등이 발생하였습니까?	yes
		maybe
		no
	현재 사업의 진행은 어느 정도입니까?	기획단계
		집행단계
		집행 후 단계
	갈등 상대방을 알고 있습니까?	yes
		no
	제3자의 개입이 있습니까?	yes
		maybe
		no
갈등관리역량	귀하는 갈등관리 전담직원입니까?	yes
		no
	귀하는 갈등관리교육을 받아 보았습니까?	yes
		no
	귀하는 갈등관리를 해 본 경험이 있습니까?	yes
		no

출처: 공존협력연구소 홈페이지

[그림 4.2] 갈등체크리스트: 간단체크

갈등체크리스트 메인화면

> **갈등체크리스트**
>
> 갈등체크리스트란?
> 현재 겪고 있는 갈등상황의
> 진단–평가–자문 제공
>
> 다음을 눌러주세요

갈등체크리스트 선택화면

> **갈등체크리스트**
>
> 갈등 체크받고 싶은
> 영역을 선택해 주세요.
>
> 간단체크
>
> 상세체크

간단체크 선택화면

> **갈등체크리스트**
>
> 자문을 받고 싶은
> 영역을 선택해 주세요.
> 개인입니까?
> 단체입니까?
>
> 단체
>
> 개인

단체 선택화면

> **갈등체크리스트**
>
> 자문을 받고 싶은
> 영역을 선택해 주세요.
> 갈등상황입니까?
> 갈등관리영역입니까?
>
> 갈등상황
>
> 갈등관리영역

진단결과

> **갈등체크리스트**
>
> 귀하의 기관은 갈등관리 교육 프로그램과 과거 유사한 갈등관리 경험을
> 보유하고 있습니다. 갈등관리 전담조직이 설치되어 있지만 갈등관리
> 매뉴얼은 갖추고 있지 않아 체계적 관리가 어려울 수
> 있습니다. 전문가 자문 등을 통해 조직의 갈등관리 매뉴얼을 마련할
> 것을 추천합니다.
>
> 상담 접수하기

출처: 공존협력연구소 홈페이지

구자는 갈등사례를 선정하여 이 표의 질문들 또는 표의 질문을 기반으로 사례에 따라 질문을 추가함으로써 갈등을 진단하고 이에 대한 연구를 수행할 수 있다.

개인을 대상으로 진행되는 간단체크의 문항은 〈표 4.2〉와 같다. 질문은 갈등상황과 갈등관리역량으로 구분된다. 조직에 소속된 개인(직원)을 대상으로 실시되는 것으로, 갈등상황에 대한 질문은 동일하지만 개인의 갈등관리역량 중심으로 질문이 구성되어 있다는 점에서 차이가 있다.

다만, 간단체크는 갈등상태를 요약하는 형태의 확인이기 때문에 간단체크만 활용하여 연구를 수행하는 것은 한계가 있다.

2 갈등체크리스트 상세체크

갈등체크리스트 상세체크는 간략하게 제공되는 간단체크와 달리 갈등단계의 구분과 심화된 질문을 통해 심층적인 갈등진단, 평가 및 자문이 제공될 수 있도록 하였다. 갈등은 갈등이 촉발되기 이전 단계, 갈등의 진행단계, 갈등종료 후의 단계 등 3단계로 구분하여 진단을 실시할 수 있다. 또한 갈등상황을 진단하는 문항역시 상세하고 많은데 구체적으로는 갈등행위자, 갈등행위, 갈등쟁점, 감정, 상황, 조직의 갈등관리역량 등을 묻는 항목으로 구성되어 있다. 각 항목에 대한 질문은 많게는 14개부터 적게는 2개

〈표 4.3〉 갈등체크리스트: 상세체크

구분		질문
갈등 행위자	상대방	민원인이 누구이고 어느 정도의 규모인지 파악하고 있는가?
	정책추진자	본 사업을 추진해야 하는 타당한 이유가 있는가?
	전문가	갈등관리 전문가의 풀이 구성, 활용되고 있는가?
	제3자	갈등의 직접 당사자가 아닌 NGO, 다른 정부기관 등이 개입되어 있는가?
갈등 행위	정책결정/ 갈등관리방식	정책결정방식에 대한 문제제기가 있었는가?
		참여형 의사결정이 이루어지고 있는가?
		DAD 방식으로 정책결정이 이루어졌는가?
		갈등영향분석이 실시되었는가?
	집회 및 시위	과거 유사 갈등사례에서 집회 및 시위를 통한 의견표출이 있었는가?
	민원	다수의 민원이 제기되었는가?
		민원의 질적 변화가 있었는가? (예: 민원 제기자 개인 → 주민대표)
		성명서 등의 집단적 의사표명이 있었는가?
갈등 쟁점	특성	갈등쟁점에 대한 불확실성이 있는가?
		사업목적에 대한 정당성(타당성) 논란이 있는가?
		해당 사업이 정치인의 공약사항인가?
		해당 사업이 기관장의 관심사안인가?
		해당 갈등은 장기화될 가능성이 있는가?
		2개 이상의 서로 다른 정부기관이 연계된 갈등인가?

구분		질문
	주제	경제적 손익과 관련한 갈등쟁점이 있는가?
		생명/건강과 관련한 갈등쟁점이 있는가?
		신념/가치와 관련한 갈등쟁점이 있는가?
		법제도와 관련한 갈등쟁점이 있는가?
감정		오랜 감정의 골, 폭발적 분노 등이 있는가?
		정부(또는 추진기관)는 신뢰받고 있는가?
상황	사건발생	과거 유사 갈등사례에서 시위대 부상, 분신, 자살, 단식투쟁, 폭력과 같은 극단적 사례가 있었는가?
		과거 유사 갈등사례에서 현수막, 벽보 등을 통한 반대입장이 나타났는가?
	언론	본 갈등이 언론에 보도된 적이 있는가?
	SNS	본 갈등이 SNS를 통해 화제가 되고 있는가?
	정치	본 갈등상황이 정치적 쟁점이 될 가능성이 있는가?
조직/ 기관	기관	유사 갈등을 관리해 본 경험이 있는가?
		갈등관리 매뉴얼 및 전담조직이 있는가?
		갈등관리에 관한 교육훈련 프로그램(자체 및 위탁)을 운영하는가?
		갈등관리에 관한 인력 및 예산은 충분한가?
		기관장은 갈등해결에 대한 의지가 충분한가?
	담당자	갈등관리에 관한 교육훈련을 받아 본 경험이 있는가?
		해당 사업의 담당자가 갈등관리 경험이 있는가?

출처: 공존협력연구소 홈페이지

[그림 4.3] 갈등체크리스트: 상세체크

갈등체크리스트 메인화면　　　　갈등체크리스트 선택화면

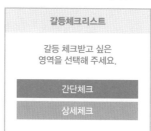

상세체크 선택화면

상세체크 질문화면1

1. 갈등행위자에 대한 질문

① 갈등상대방이 세력화되어 있는가?
○ Y　○ N

② 갈등상대방이 집단적인 갈등표출의 경험이 축적되어 있는가?
○ Y　○ N

③ 갈등이 전개되는 과정에서 상대방의 집단화가 더욱 강해지고 있는가?
○ Y　○ N

④ 기한 내에 사업을 추진/완료해야 할 타당한 이유가 있는가?
○ Y　○ N

⑤ 정책추진자의 현장방문이 있었는가?
○ Y　○ N

⑥ 갈등관리 전문가를 활용하고 있는가?
○ Y　○ N

⑦ 타 NGO의 지지, 연합이 있는가?
○ Y　○ N

상세체크 질문화면2

6. 갈등 조직/기관 쟁점에 대한 질문

① 유사 갈등을 관리해 본 경험이 있는가?
○ Y ○ N

② 갈등관리 매뉴얼 및 전담조직이 있는가?
○ Y ○ N

③ 갈등관리에 대한 교육훈련 프로그램(자체 및 위탁)을 운영하는가?
○ Y ○ N

④ 갈등관리에 관한 인력 및 예산은 충분한가?
○ Y ○ N

⑤ 기관장은 갈등해결에 대한 의지가 충분한가?
○ Y ○ N

⑥ 갈등관리에 관한 교육훈련을 받아 본 경험이 있는가?
○ Y ○ N

⑦ 해당 사업의 담당자가 갈등관리 경험이 있는가?
○ Y ○ N

```
결과보기
```

진단결과

갈등상대방이 집단화되어 세력을 형성하였고, 과거 집단활동을 통한 갈등표출 경험이 없는 상태입니다. 갈등 전개과정을 통해 갈등상대방이 점점 확장되고 있으며, 세력화가 강화되고 있습니다. 정책을 추진하는 기관(담당자)은 정해진 기간 내에 사업을 완료해야 하며, 이를 위한 타당한 근거를 가지고 추진을 하고 있으며 담당자는 갈등현장을 방문하지 않았습니다. 기관에서는 갈등을 관리하기 위한 갈등관리 전문가를 활용하지 않고 있으며 갈등쟁점을 둘러싸고 갈등당사자 이외에 제3자의 지지와 연합을 형성하고 있습니다. 기관(사업 담당자)의 갈등관리방식에 문제가 존재하고 있으며 갈등해결을 위한 쌍방의 제시가 아닌 대안의 일방적인 제시가 이루어지고 있는 상태입니다. 이해관계자들을 대상으로 사업에 대한 의견수렴 과정을 거치지 않았으며 의견수렴 등을 위한 대화협의체가 적시에 구성되지 않았습니다. 대화관리에 대한 외부의 권고는 없었으며 위원 및 구성의 비율이 적절하다고 볼 수 없는 상태입니다. 갈등관리를 위한 심의위원회를 구성하여 운영되고 있으며 갈등영향분석은 실시되지 않았습니다. 집회나 시위와 같은 활동을 통해 반대의사가 표출되기도 하였으며 반대의사를 표현하기 위한 위협적인 시위활동이 이루어졌고 집회나 시위가 개최된 주요 장소는 해당 지역을 중심으로 이루어졌습니다. 갈등쟁점을 둘러싸고 다수의 민원이 제기되기도 하였으며 민원이 제기되는 내용/집단행동의 변화가 있었습니다. 성명서 등을 통해 서면화된 집단적 의사표명이 이루어지기도 하였습니다. 발생하고 있는 갈등쟁점의 불확실성이 존재하고 사업목적의 타당성에 대한 논란이 존재합니다. 사업은 정치인의 공약사항으로 진행되는 것이며 기관장이 관심을 두고 있습니다. 사업추진과 관련되어 갈등이 지속적으로 발생할 가능성이 존재하고 갈등은 단일기관과 관련되어 발생하고 있습니다. 해당 갈등은 경제적 손실의 발생 가능성이 없으며 신체적 손실의 발생 가능성이 없습니다. 신념이나 가치와 관련되어서 갈등이 쟁점화되었고 법제와 관련된 갈등쟁점은 아닙니다. 갈등으로 인한 감정적 대립은 존재하지 않으며 정부(추진기관)는 민원인들에게 신뢰를 잃은 상태입니다. 과거 유사한 갈등이 발생한 적은 없으며 사업에 대해 반대입장을 알리기 위해 현수막, 벽보 등의 방법이 활용된 경험이 있습니다. 쟁점사항이 언론에 보도된 적은 있으며 SNS 등에서 확산된 적은 없습니다. 정치적 관심사항이 되는 사안으로도 볼 수 있습니다. 사업추진 기관은 과거 유사한 갈등을 경험한 적이 없어 갈등관리 경험이 없으며 사업추진과정에서 발생하는 갈등관리를 위한 매뉴얼과 전담조직이 설치되어 있습니다. 갈등관리를 위해 갈등에 대한 교육 프로그램을 운영하고 있으며 운영을 위한 인력 및 예산은 부족한 상황이고, 기관장도 갈등해결을 위해 쟁점에 대한 관심을 가지고 지원하고 있습니다. 갈등관리 교육훈련을 받아 보기도 하였으며, 현재 귀 기관의 갈등은 진행 중에 있으며, 갈등상황이 심각한 수준으로 이어질 가능성이 높은 상태입니다. 현재의 갈등상황을 조속히 마무리하는 것이 중요하며, 만약 지금 상태에서 갈등관리가 잘 이루어지지 않을 경우 반대집단의 저항이 심각한 수준으로 확대될 가능성이 있습니다. 현재의 갈등상황을 객관적으로 점검해볼 필요가 있으며, 사업추진과정에서 갈등요인으로 작용하였던 사항들을 파악함으로써 갈등해결의 단서로 활용할 수 있을 것입니다. 전문가를 통해 갈등상황 점검과 갈등관리 방안과 관련되어 자문을 받아 볼 것을 추천 드립니다.

```
상담 접수하기
```

출처: 공존협력연구소 홈페이지

가 제시되어 있다. 질문구성이 많기 때문에 응답은 단순화해서 예 (yes)와 아니오(no)로 이분화하였다.

간단체크와 상세체크의 가장 큰 차이는 질문의 수이다. 상세체 크는 다각적 측면에서 갈등상황의 측정을 위해 질문의 내용을 다 양화하였다. 이들 질문을 기반으로 사례연구에 적합하게 질문을 재구성할 수 있다.

이용자가 질문에 대한 응답을 모두 마치면 응답값을 분석하여 갈등진단과 처방을 제공한다. 간단체크와 달리 상황에 대한 심층 적 분석이 제공되고, 갈등해소를 위한 적절한 컨설팅을 확인할 수 있다. 이용이 종료된 후에 전문가를 통한 직접 진단을 원하는 경 우 상담접수가 가능하여 전문가와의 연계가 가능한 시스템으로 구현되어 있다.

3 갈등체크리스트의 특징

갈등체크리스트는 국내에 처음 소개되는 방식으로 다음과 같 은 특징을 가지고 있다.[1]

---

[1] 기존 공공갈등 체크리스트는 갈등상황에 대한 자가진단과 갈등영향분석 실시 여부 결정을 위한 판단기준으로 활용하기 위해 구축되었다. 이 책에서 소개 하는 한국방송통신대학교 공존협력연구소에서 구축한 갈등체크리스트는 갈 등의 진단과 전문가의 처방이 제공되는 국내 최초의 시스템이다.

첫째, 갈등에 대한 전문적인 자문을 받을 수 있다. 갈등체크리스트의 가장 큰 특징은 전문가들이 구성한 구조화된 갈등진단 서비스와 자문을 받을 수 있다는 것이다. 갈등의 규모와 상관없이 직면한 갈등상황을 확인하고 해결방안을 모색하는 데 전문가가 구현한 시스템을 활용하여 전문적인 자문 서비스를 받게 된다.

둘째, 이용의 편리성이다. 갈등체크리스트는 비대면 상담방식으로 인터넷 기반으로 구현되어 인터넷 연결이 가능한 상황이라면 시간과 장소에 구애받지 않고 이용 가능하다.

셋째, 갈등상황에 대한 다각적 진단이 가능하다. 이용자가 원하는 형태의 상담을 받을 수 있도록 진단 서비스를 세분화하여 구축하였다. 이는 셀프체크가 가질 수 있는 상황진단에 대한 한계를 극복하는 데 도움이 될 수 있다. 더불어 갈등상황에서 다양한 이해관계자들이 자신의 이해관계에 따라 상황진단이 가능하다는 점에서 이용자의 다양성이 고려되어 있다. 또한 갈등상황에 따라 진단 서비스를 이용할 수 있기 때문에 상황의 변화에 따른 적절한 처방을 얻을 수 있다.

넷째, 전문가와의 연결 가능성이다. 갈등상황에 직면한 경험이 있는 조직의 경우 전문가를 통한 갈등해소 경험이 있을 가능성이 높다. 정부기관, 공공기관, 규모가 있는 집단 등에서 비교적 규모가 큰 갈등상황을 경험했을 경우 전문가를 통한 갈등완화 방안을 마련하고자 하였을 것이고, 이러한 경험이 추후 갈등상황에 직면했을 때 전문가와의 접촉이 쉬울 수 있다. 하지만 개인이나 조직의 규모가 작은 경우 갈등해결을 위한 방안을 마련하는 데 전문가의 도움을 받기 어렵다. 전문가와의 접촉방법 부재, 비용부담 등 다양한 이유가 있을 것이다. 하지만 갈등체크리스트를 통해 전문가 자문을 간접적으로 받을 수 있으며, 추가 상담을 원할 경우 전산으로 신청이 가능하기 때문에 비용이나 전문가와의 접촉경로를 비교적 용이하게 획득할 수 있다.

다섯째, 비용적 측면이다. 갈등체크리스트는 비용이 부과되지 않는 서비스로 제공된다. 비용적 부담이 없기 때문에 일회성의 이용이 아니라 다회성으로 서비스를 이용할 수 있다. 갈등은 환경에 따라 이슈가 변하고, 갈등의 규모, 이해관계자 규모 등이 지속적으로 변화하는 변화 가능성이 높다는 특징이 있다. 이에 갈등상황에 따른 갈등체크리스트 활용을 통해 시의적절한 진단과 처방을 비용을 들이지 않고 받을 수 있다.

4.3 갈등체크리스트의 활용방안

갈등체크리스트는 1차 자료와 2차 자료로 구분하여 활용할 수 있다. 1차 자료는 raw data를 활용하여 연구를 수행하는 것인데,

갈등체크리스트의 raw data는 갈등체크리스트를 이용한 이용자들의 응답값을 활용하는 것이다. 하지만 이들 raw data를 활용하기 위해서는 이용자들의 동의가 있어야 하고, 현재 구현되어 있는 갈등체크리스트는 이용자들이 입력한 값을 별도로 저장하는 시스템으로 구현되어 있지 않다. 상담을 원할 경우 주관식으로 작성해서 접수된 내용에 한해 시스템에 저장되고 있지만 연구윤리에 반하는 행위이기 때문에 이용자의 동의 없이 공개되거나 이용할 수 없다.

그렇다면 갈등체크리스트는 어떻게 활용될 수 있는가? 두 가지 측면에서 접근할 수 있는데, 하나는 앞서 살펴본 바와 같이 갈등상황의 진단과 처방이고 또 하나는 학술연구로의 활용이다. 첫 번째 활용방안은 갈등체크리스트의 최초 목적이며, 두 번째는 갈등체크리스트가 만들어진 배경과 같은 역할이다. 이 장에서는 두 번째 목적인 학술연구로의 활용방안을 중심으로 다루고자 한다.

학술연구로의 활용은 두 가지 접근법을 고려해 볼 수 있다. 첫 번째는 체크리스트에서 제시된 질문을 기준으로 사례연구를 수행하는 것이고, 두 번째는 체크리스트를 이용한 이용자들을 대상으로 별도의 설문을 실시하여 체크리스트 평가를 수행하는 것이다. 다만, 갈등체크리스트가 구축된 본질적인 목적은 첫 번째에 해당하는 것임을 명심하자. 구체적인 방안은 다음과 같다.

1 갈등체크리스트를 활용한 사례연구

갈등체크리스트를 이용한 사례연구를 위해서는 상세체크의 문항을 활용하는 것이 적절할 것이다. 상세체크가 갈등상황을 심층적으로 살펴보기에 보다 적합하기 때문이다. 연구를 위해 단일 사례를 선정할 수도 있으며, 단일 사례를 갈등단계별(전-중-후)로 비교연구 수행도 가능하다. 또 여러 개의 유사한 사례를 선정하여 사례 간 비교연구를 수행하는 방법도 있다. 사례분석을 위한 분석틀은 상세체크의 항목과 문항을 기준으로 활용할 수 있다.

먼저 단일 사례 적용을 위한 분석틀을 제시하면 앞서 살펴본 〈표 4.3〉과 같다. 선정된 사례를 중심으로 그 표의 질문들을 통해 갈등분석을 실시할 수 있다. 지금까지 사례연구를 중심으로 수행하는 갈등연구들은 주로 연구자의 전문성에 의존하여 실시되었다. 갈등에 대한 방대한 선행연구 검토를 통해 구축된 갈등체크리스트의 틀은 갈등사례연구의 기준을 제시할 수 있어 사례연구의 주관성을 배제시킬 수 있다는 점에서 유용하다. 이렇게 제시된 분석틀을 중심으로 사례에 적용할 수 있으며, 갈등단계별 분석을 실시하여 단계에 따른 각 변수의 변화에 대한 분석을 실시할 수 있을 것이다.

갈등체크리스트 분석틀을 활용하여 사례연구가 수행될 수 있다. 하지만 사례연구 이외에도 질적 및 양적 연구가 함께 활용될 수 있다. 가령, 질문을 기반으로 연구자가 기준을 설정하여 점수를 부여할 수 있다. 즉, 질문의 심각성 등을 기준으로 점수를 부여할 수 있는데, 각 질문에 점수를 부여하여 사례를 분석하며 해당 사례의 심각성 수준을 객관적으로 파악하는 것이다. 분석결과를 활용하여 점수에 따라 갈등의 심각성 수준을 구분할 수 있을 것이고, 심각성 정도에 따른 갈등관리방안 같은 정책적 함의가 제시될 수도 있다. 아직까지 갈등연구가 사례분석 같은 질적 연구를 중심으로 수행되고 있다는 점에서 연구방법론의 확장에 기여할 수 있을 것이다.

한편 유사한 사례 간 비교분석을 위한 틀로도 갈등체크리스트 분석틀이 활용될 수 있다. 갈등은 내·외부 환경에 영향을 많이 받기 때문에 동일한 사례라 할지라도 갈등이 발생한 시기, 지역, 이해관계자 집단 등으로 인해 그 양상이 상이하게 나타난다. 이에 어떤 요인들이 사례별 차이점을 발생시키는 데 영향을 미쳤는지 유형별 갈등관리 접근전략 수립 등에 함의를 제시할 수 있을 것이다. 〈표 4.4〉는 이 책에서 제시한 분석틀이 구축되기 이전 버전으로 갈등체크리스트를 활용하여 사례 간 분석을 실시한 학술지의 예시이다. 현재와 같이 정교화되기 이전에 수립된 기준으로 사례 간 분석이 실시되었음에도 불구하고 제시된 기준을 활용하여 3개 구간의 유사점과 차이점 확인이 가능하다. 연구자는 분석된 결과를 토대로 각 사례의 심층분석을 수행하여 동일한 사례임에도 불구하고 지역 간 차이의 원인을 살펴볼 수 있다.

〈표 4.4〉 사례 간 비교연구 예시

문항	영등포구	관악구	금천구
의견표명의 정도가 어떠한가?	정책 대안	개인 피해 구제	개인 피해 구제/백지화
피해의식 정도는 어떠한가?	심각함	보통	심각함
유사 사례에 대한 경험이 있는가?	사례 경험 있음	없음	없음
정책추진자에 대한 신뢰가 존재하는가?	보통	신뢰하지 않음	신뢰하지 않음
갈등상대방 집단의 조직 체계화 수준은 어떠한가?	조직화 없음	조직화 없음	소규모 조직 존재
갈등상대방과의 대화의지가 존재하는가?	존재함	보통	존재함
갈등상대방의 제안에 대해 수용 가능성이 있는가?	수용 가능함	없음	보통
활용자원(예산)이 충분한가?	충분치 않음	충분치 않음	충분치 않음
활용자원(인력)이 충분한가?	충분치 않음	충분치 않음	충분치 않음
관련 기관 간 조정·협력 유도의 능력이 있는가?	보통	충분치 않음	보통
조정/중재자의 존재 여부	없음	없음	없음

문항	영등포구	관악구	금천구
주변 이해관계자들과 핵심 이해관계자들의 관계는 어떠한가?	보통	없음	보통
주변 이해관계자들의 활용자원이 충분한가?	보통	보통	보통
환경적 위험이 존재하는가?	없음	없음	보통
사회적 위험이 존재하는가?	보통	없음	보통
생명·건강 위험이 존재하는가?	없음	없음	없음
경제적 피해 정도는 어떠한가?	심각함	보통	보통
인센티브 효과가 존재하는가?	긍정적 효과	보통	긍정적 효과
정보공개 수준은 어떠한가?	보통	보통	보통
정보의 정확성·왜곡에 대한 논란이 있는가?	없음	없음	심각함
정책에 영향을 미치는 사회적 사건이 존재하는가?	없음	없음	없음
정책에 영향을 미치는 경제적 사건이 존재하는가?	없음	없음	없음
정책 완료 전에 국회의원·지자체장 등에 대한 선거가 예정되어 있는가?	있음	있음	있음
정책과 국회의원·지자체장 등의 기존 공약이 상충되지 않는가?	부합함	–	상충됨
언론의 관심도는 어떠한가?	없음	없음	높음
언론의 보도태도는 어떠한가?	–	–	부정적임

출처: 공존협력연구소 홈페이지

갈등체크리스트 평가는 이용자들을 대상으로 체크리스트에 대한 평가를 수행하는 것으로서 갈등체크리스트의 정교화를 위해 유용할 수 있다. 하지만 분석을 위해 필요한 최소한의 샘플 수를 확보해야 한다는 점과 이용자들이 이용 후 평가를 위한 설문에 응

[그림 4.4] AHP조사 개요

1) AHP 조사

이 설문은 모든 의사결정 요소에 대하여 1:1 비교라는 간단한 방법을 통하여 의사결정 요소 전체의 상대적 중요도를 결정하기 위한 것입니다. 이 과정을 통하여 의사결정자의 논리적 일관성의 검정과 그룹의 의사결정을 도출하기 위한 기초자료가 생성됩니다. 따라서 일부 중복되는 느낌을 받으실 수 있으나, 아래 "의사결정 기준 및 내용"과 "의사결정 계층도"를 참조하여 전 항목에 빠짐없이 표시해 주시기 바랍니다. 각 설문에 있어서 두 지표(A, B)를 비교하여 중요도에 따라 최저 1점부터 최고 9점까지 부여 할 수 있습니다. A와 B를 비교할 때 A가 B보다 중요하다고 생각하시면 A가 있는 왼쪽에, B가 A보다 중요하다고 생각하시면 B가 있는 오른쪽에 표시합니다.

[표시요령]
A가 B보다 "매우 중요"하다고 판단하시 경우: 왼쪽 7에 표시

비교 항목	절대 중요		매우 중요		중요		약간 중요		같음		약간 중요		중요		매우 중요		절대 중요	비교 항목
	9	8	7	6	5	4	3	2	1	2	3	4	5	6	7	8	9	
A			√															B

주) 2, 4, 6, 8 등은 중간 값임(예, '약간 중요'과 '중요'의 중간 정도를 표시하실 경우에 4을 선택)

B가 A보다 "중요"와 "매우 중요"의 중간 정도로 중요하다고 판단하실 경우: 오른쪽 6에 표시

비교 항목	절대 중요		매우 중요		중요		약간 중요		같음		약간 중요		중요		매우 중요		절대 중요	비교 항목
	9	8	7	6	5	4	3	2	1	2	3	4	5	6	7	8	9	
A														√				B

주) 2, 4, 6, 8 등은 중간 값임(예, '약간 중요'과 '중요'의 중간 정도를 표시하실 경우에 4을 선택)

출처: 공존협력연구소 갈등정보 서비스 홈페이지

답할 가능성이 낮다는 점에서 한계가 있다. 다만, 갈등체크리스트 평가를 위해 이 책에서는 전문가 대상으로 설문을 실시하였다. 갈등체크리스트 평가의 예시를 보여 주기 위한 것이므로 참고하여 향후 평가방법을 발전시킬 수 있다.

[그림 4.4]는 갈등체크리스트의 항목에 대해 전문가들이 인식하는 중요도에 대한 우선순위평가를 실시한 것이다. 우선순위평가는 AHP조사라고도 부르며, 의사결정요소에 대해 1대1 비교를 통해 상대적 중요도를 결정하기 위해 사용된다. 보통 전문가를 대상으로 조사가 실시되며, 일반적인 설문조사와 달리 소수의 표본을 통한 분석을 수행해도 조사의 신뢰성 확보가 가능하다.

이러한 구조를 활용하여 갈등체크리스트 고도화를 위해 전문가 대상의 AHP조사가 실시되었다. 조사에 활용된 문항 중 일부는 [그림 4.5]와 같다.

갈등체크리스트 고도화를 위해 전문가를 대상으로 실시한 AHP조사의 일부 분석결과는 [그림 4.6]과 같다. 갈등체크리스트의 핵심쟁점 내용의 우선순위 분석결과를 예시로 제시하였다. 핵심쟁점의 추진전략의 갈등행위자, 갈등행위인식, 갈등쟁점, 상황인식, 조직/기관 각각의 추진내용에서 상대적 중요도와 우선순위가 도출된 것을 확인할 수 있다. 전문가들의 응답 결과 갈등행위자에서는 갈등상대방, 갈등행위인식에서는 정책결정/갈등관리방식, 갈등쟁점은 갈등특성, 상황인식은 정치적 쟁점 여부, 조직/기관에

[그림 4.5] AHP조사 항목 일부 예시

1) 갈등관리 체크리스트 구현

(1) 갈등관리 체크리스트 구성을 위한 핵심쟁점의 상대적 중요도를 표시하여 주십시오.

A	절대중요	매우중요	중요	약간중요	같음	약간중요	중요	매우중요	절대중요	B
	9	8	7	6	5	4	3	2	1	2	3	4	5	6	7	8	9	

A	9	8	7	6	5	4	3	2	1	2	3	4	5	6	7	8	9	B
갈등행위자																		갈등행위
																		갈등쟁점
																		감정
																		상황
																		조직/기관
갈등행위																		갈등쟁점
																		감정
																		상황
																		조직/기관
갈등쟁점																		감정
																		상황
																		조직/기관
감정																		상황
																		조직/기관
상황																		조직/기관

(2) 갈등관리 체크리스트 구성을 위한 내용의 상대적 중요도를 표시하여 주십시오.

① 갈등행위자 인식에 대한 상대적 중요도

A	절대중요	매우중요	중요	약간중요	같음	약간중요	중요	매우중요	절대중요	B
	9	8	7	6	5	4	3	2	1	2	3	4	5	6	7	8	9	

A	9	8	7	6	5	4	3	2	1	2	3	4	5	6	7	8	9	B
상대방																		정책추진자
																		전문가
																		제3자
정책추진자																		전문가
																		제3자
전문가																		제3자

출처: 공존협력연구소 갈등정보 서비스 홈페이지

[그림 4.6] AHP조사 분석결과 예시

정책영역	이행전략		구분		
	추진전략	추진내용	상대적 중요도	우선순위	CR
핵심쟁점	갈등행위자	상대방	0.471	1	0.08
		정책추진자	0.273	2	
		전문가	0.182	3	
		제3자	0.073	4	
	갈등행위인식	정책결정/갈등관리방식	0.428	1	0.00006
		집회 및 시위	0.323	2	
		민원	0.248	3	
	갈등쟁점	특성	0.647	1	0.000
		주제	0.353	2	
	상황인식	사건발생	0.288	2	0.00274
		언론보도	0.178	3	
		SNS확산	0.164	4	
		정치적 쟁점	0.370	1	
	조직/기관	기관	0.630	1	0.000
		담당자	0.370	2	

갈등행위자	Priorities with respect to: 핵심쟁점 > 갈등행위자 상대방 .471 정책추진자 .273 전문가 .182 제3자 .073 Inconsistancy = 0.08 with 0 missing judgements
갈등행위인식	Priorities with respect to: 핵심쟁점 > 갈등행위인식 정책결정/갈등관리방식 .428 집회및시위 .323 인원 .248 Inconsistancy = 0.00006 with 0 missing judgements
갈등쟁점	Priorities with respect to: 핵심쟁점 > 갈등쟁점 특성 .647 주제 .353 Inconsistancy = 0. with 0 missing judgements
상황인식	Priorities with respect to: 핵심쟁점 > 상황인식 정치적쟁점 .370 사건발생 .288 언론보도 .178 SAS확산 .164 Inconsistancy = 0.00274 with 0 missing judgements
조직/기관	Priorities with respect to: 핵심쟁점 > 조직/개편 기관 .630 갈당자 .370 Inconsistancy = 0. with 0 missing judgements

출처: 공존협력연구소 갈등정보 서비스 홈페이지

서는 기관이 상대적으로 중요하다고 응답하였다. 즉, 갈등체크리스트 고도화를 위해서는 상대적으로 우선순위가 높게 나타난 항목을 중심으로 문항을 보강할 필요가 있는 것으로 판단 가능하다.

분석결과는 여기서 더 나아가 [그림 4.7]에서 볼 수 있듯이 핵

[그림 4.7] AHP조사 핵심쟁점 종합분석결과 예시

추진 전략	추진과제 (상대적 중요도)	요인내 순위	전체 상대적 중요도 (CR: 0.03)	전체 순위
갈등행위자 (0.222)	상대방 (0.471)	1	0.114	2
	정책추진자 (0.273)	2	0.066	6
	전문가 (0.182)	3	0.044	11
	제3자 (0.073)	4	0.018	15
갈등행위인식 (0.180)	정책결정/갈등관리방식 (0.428)	1	0.093	3
	집회 및 시위 (0.323)	2	0.070	5
	민원 (0.248)	3	0.054	8
갈등쟁점 (0.247)	특성 (0.647)	1	0.127	1
	주제 (0.353)	2	0.070	5
감정 (0.103)	감점	1	0.053	9
상황인식 (0.154)	사건발생 (0.288)	2	0.062	7
	언론보도 (0.178)	3	0.038	12
	SNS확산 (0.164)	4	0.035	13
	정치적 쟁점 (0.370)	1	0.080	4
조직/기관 (0.093)	기관 (0.630)	1	0.048	10
	담당자 (0.370)	2	0.028	14

출처: 공존협력연구소 갈등정보 서비스 홈페이지

심쟁점의 전체 우선순위도 분석 가능하다. 각 추진전략의 추진과 제 전체에 대한 우선순위 도출이 가능한데, 요인 내 순위와 전체 순위를 확인하면 일반적으로 요인 내에서 순위가 높은 경우 전체 순위에서도 높은 순위인 것을 확인할 수 있다.

이러한 평가를 활용하여 갈등체크리스트의 고도화 방안을 마련할 수 있다. 갈등체크리스트 평가는 전문가, 공무원, 이용자, 비이용자 등 다양한 대상을 중심으로 수행함으로써 활용도를 높일 수 있고, 갈등분야의 연구방법론 확장에 기여할 수 있을 것이다. 연구자는 다양한 자료를 활용하여 논문 작성이 가능하다.

제5장

갈등자료 구축 및 활용

갈등과 관련된 다양한 자료를 수집하고 갈등관리를 위한 자료 구축을 위해 노력하고 있지만 갈등자료를 단순히 축적 및 구축하고 있을 뿐 직면하고 있는 갈등의 선제적 대응이나 관리를 위해 적극적으로 활용하지 못하고 있다. 특히 갈등에 관한 관심은 갈등이 발생하고 그 수준이 심각한 상황에 이르렀을 때 비로소 높아지기 시작하기 때문에 갈등예방에 대한 관심은 낮을 뿐만 아니라 이미 발생한 갈등도 체계적인 관리가 어려운 상황이라 할 수 있다.

[그림 5.1] 갈등자료 활용

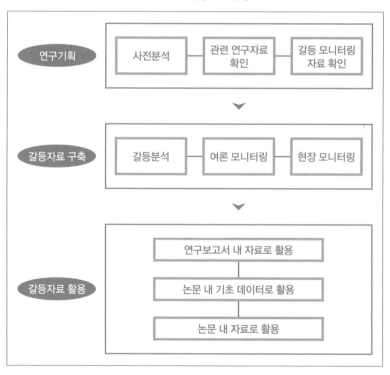

갈등의 선제적 대응,. 발생한 갈등의 관리전략 수립, 갈등의 사후 관리를 위해서는 갈등자료의 적극적인 활용이 필요하다.

이에 이 책에서는 파편화되어 있는 갈등자료의 활용도를 높이는 방법으로 갈등자료가 구축되는 실제 사례와 갈등자료를 활용하는 방법, 갈등사례를 분석하는 실전을 확인하고자 한다.

5.1 연구기획

갈등을 연구하고자 하는 연구자는 우선 어떤 갈등을 연구할 것인지 정하고, 사전분석을 시작해야 한다. 갈등의 사전분석은 제1장에서 살펴본 갈등연구자료의 종류 및 특징에 따라서 정리해야 한다.

사전분석을 위해 연구자는 먼저 갈등DB 정보제공 사이트에서

[그림 5.2] 공항 관련 갈등 검색내용

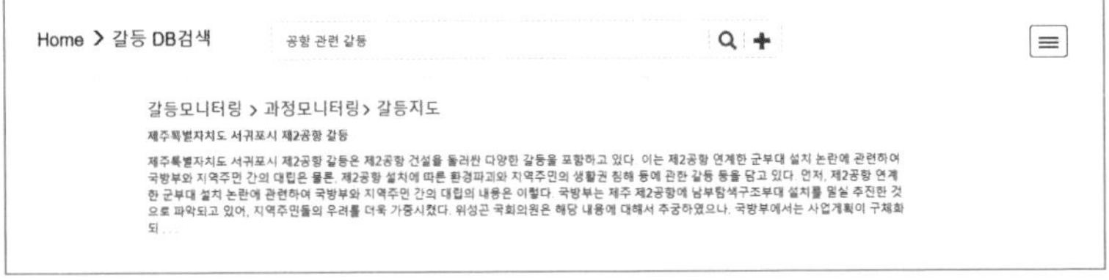

[그림 5.3] 빅카인즈 뉴스 검색 분석방법

갈등의 주제를 검색한다. 예를 들어, '공항 관련 갈등'을 연구하고
자 한다면 공존협력연구소 갈등정보 서비스 홈페이지에서 '공항
관련 갈등'을 검색할 수 있다.

또한 언론보도자료를 확인할 수도 있다. 제2장에서 살펴본 여
론 모니터링 중 언론 모니터링을 참고하면 된다.

언론보도를 통해 관련한 뉴스가 어디까지인지를 확인하고 실
제 이 갈등사례를 분석하는 것이 적합하다고 판단되면 관련 연구
자료를 확인한다. 언론보도는 갈등사례의 현재 상황을 이해하는
데 도움이 된다. 그러나 언론의 성향이나 성격으로 인해 갈등의
초점이나 갈등의 이해관계자의 강조점이 다른 경우도 있다. 이에

[그림 5.4] 프리즘 공항 관련 갈등 검색결과

갈등을 이해하는 데 있어서 언론의 성향이나 성격을 이해하고 염두에 두어야 한다.

관련 연구자료의 확인은 제1장 학술자료의 종류 및 특징 중에서 학문적 발견물이 결과로 정리된 자료 부분을 참고하면 된다. 특히 정부보고서는 프리즘을 활용하면 다양한 갈등과 관련한 자료들을 받을 수 있다.

정부와 관련한 갈등연구자료는 많지 않다. 사실 갈등은 변화하는 상황에 적응하기 위한 전략을 수립하는 연구가 많기 때문이다.

[그림 5.5] 구글 스콜라 공항 관련 갈등 검색결과

이에 정부보고서 이외 국책연구기관(한국행정연구원, 한국지방행정 연구원 등)과 학술논문(한국연구재단, 구글 스콜라, 네이버 전문정보 등)을 활용하여 갈등사례를 탐색하는 것이 좋다. 관련 연구자료는 최대한 수집하는 것이 좋다. 갈등과 관련한 다양한 보고서를 관점 에 따라 정리하는 것이 차후 갈등을 이해하는 데 도움을 줄 수 있 기 때문이다.

관련 연구자료가 확인되고 나면 갈등 모니터링 자료를 확인한다. 갈등 모니터링 자료는 갈등지도, 갈등트렌드 분석 등 한국방송통신대학교 공존협력연구소가 제공하는 갈등연구 시스템에서 확인할 수 있다.

갈등연구주제를 정하고 연구를 기획하는 단계에서 갈등과 관련한 다양한 사례들의 기초적인 자료수집이 끝나면, 실제 연구보고서나 논문 내 기초자료로 활용하기 위하여 갈등사례를 구축하는 단계를 가져야 한다.

만약 연구기획단계에서 갈등과 관련한 연구자료가 많지 않을 경우 갈등의 연구를 다시 생각하는 것이 좋다. 갈등을 연구함에 있어 필요한 것은 갈등을 제대로 분석하고 해소하는 방안을 마련하는 것인데, 갈등과 관련한 자료가 없을 경우 현장에서 자료를 만들어야 하고 시간과 비용이 상당히 발생할 수도 있다. 연구보고서를 작성할 경우에는 기존에 자료가 많은 갈등사례를 선택하는 것이 유리하지만, 실제 논문을 작성할 경우에는 현장 모니터링을 통해서 갈등사례를 새로 수집하는 것이 좋다. 이는 연구보고서와 논문의 특성으로 발생하는 차이이며, 연구자는 연구기획 후 갈등사례를 어떻게 분석할지 고민해야 한다.

5.2 갈등자료 구축

갈등분석은 자료를 수집하고 분석하는 단계이다. 사례를 수집하기 위하여 제3장에서 설명한 갈등지도의 기준에 따라 데이터를 수집할 수 있다. 갈등을 분석하기 위해서는 다양한 정보가 수집되어야 하는데, 제1장에서 설명한 연구데이터를 비롯하여 제2장에서 설명한 여론 모니터링 자료 등 다양한 자료를 수집한다. 갈등분석은 여론 모니터링과 현장 모니터링 이후에 분석보고서로 정리되어도 좋다.

갈등자료 구축은 한국방송통신대학교 공존협력연구소에서 구축한 갈등사례분석을 중심으로 방법을 확인하고 따라가면서 정리하고자 한다.

설악산 오색케이블카 설치 갈등사례
갈등주제 선정

Ⅰ. 설악산 오색케이블카 설치 사업 개요[1]

설악산 오색케이블카(이하 오색케이블카) 설치에 관한 논의는 1995년부터 거론되기 시작하여 2001년부터 본격적으로 추진되어 온 강원도 양양군의 오랜 숙원 사업이라 할 수 있다. 1995년부터 거론되었던 오색케이블카 설치에 대한 논의는 2000년도부터 양양군의 군정 핵심전략사업으로 발전하여 본격 추진되었다. 오색케이블카 설치목적은 크게 두 가지로 오색지구의 관광경제 활성화와 등반 편의성을 제공하는 것이다. 그러나 각종 규제 및 이해관계에 따른 우여곡절로 인해 2017년 11월에 이르러서야 문화재현상변경안에 대한 문화재청의 조건부 허가(2017. 11. 24.)를 통해 본격적인 사업 재개에 착수한 상황이다. 이 사업은 민관뿐 아니라 관관의 이해관계까지도 첨예하게 얽혀서 대립하고 있는 어려운 상황에 처해 있다.

---

[1] 사업 개요에서는 갈등분석방법을 활용하였으며, 학술연구자료를 통해서 갈등이 가지고 있는 주요 특징 등을 정리하였다. 실제 문화재청의 홈페이지, 사업에 관한 기본적인 생각들을 정리하였다.

설악산 오색케이블카 사업은 관광개발이라는 지역적 목적과 환경보전이라는 가치의 대립을 보여 주는 전형적인 사례라고 할 수 있다. 즉, 찬성론자들은 케이블카 설치를 통한 관광자원 개발을 통한 경기활성화 및 소득증대와 같은 경제적 목적을 위해 자연을 변화시키고 훼손하는 것이 불가피하다는 경제지향의 개발 프레임(economic-based development frame)을 중시하는 반면, 환경보전의 가치를 중요시하는 집단은 환경보전의 가치를 인정하면서 새로운 개발가치를 창조하는 보전지향의 개발 프레임(conservation-based development frame)을 내세우고 있다.[2] 이처럼 오색케이블카 사업은 기존의 환경갈등 혹은 시설입지갈등에서 나타난 개발 대 보전의 가치 대립적 성향이 강하게 나타나는 사례이다. 또한 오색케이블카 사업은 지방정부가 주도적으로 추진하고 있는 군정사업이라는 측면에서 정책갈등이라고 할 수 있다.

Ⅱ. 갈등 전개과정

최초 오색케이블카 설치 사업에 대한 논의가 본격적으로 시작된 2001년부터 현재까지 오색케이블카 설치 사업에 대한 갈등은

---

2 심원섭(2016). 국립공원 내 케이블카 설치 허용정책을 둘러싼 관광개발과 환경보전의 딜레마-공리주의와 보호된 가치 프레임의 충돌을 중심으로-. 〈관광학연구〉, 40(1): 111-132.

크게 3기[3]로 분류할 수 있다.

1. 제1기 갈등시기(2001년~2005년)

오색케이블카 제1기 갈등시기는 오색~대청봉 구간 케이블카 설치 논란이 점화된 2001년부터 시작되었는데 갈등이 심화되기도 전에 2004년 환경부의 국립공원 케이블카 설치에 대한 규제로 사업 자체에 제동이 걸리면서 소강되는 듯하였다. 이 시기에 양양군은 2001년부터 설악산 오색~대청봉 구간에 케이블카를 설치하는 것에 대한 공론화를 시작하였다. 이미 한국관광공사에서 사업 타당성 검토결과를 받았고, 케이블카 사업의 환경성 검토를 위한 기본계획 수립을 준비하고자 한국관광공사와 협약을 맺었다. 2005년 낙산사 화재 사건으로 케이블카 설치가 관광 대안으로 잠시 떠오르기도 하였으나 크게 이슈화되지는 못하였다.

양양군 주도로 오색~대청봉 케이블카 추진에 대한 내용을 네티즌들에게 홍보하면서, 군(郡) 내부적으로는 외국 케이블카 선진 사례를 탐방하기도 하는 등 적극적으로 케이블카 설치 사업을 추진하고 있었다. 60개 단체(약 100명)가 모여 오색케이블카추진위원

---

3 이 갈등사례에서는 연구자가 갈등의 전개과정을 3가지로 구분하였다. 실제 갈등이 장기화되거나, 갈등의 변화로 인해서 갈등의 기간을 구분해야 할 경우 연구자가 기준을 가지고 갈등의 기간을 선정할 수 있다.

회를 구성하였으며 군(郡)이 주체가 되어 서명운동, 공청회 등을 전개하기도 하였다. 그러나 환경·종교단체 등에서 케이블카 설치를 반대하는 움직임을 보였고, 그 와중에 환경부에서 "자연공원(국립·도립·군립) 내 케이블카 설치 검토 및 운영지침"을 통해 케이블카 설치 절차가 엄격히 제한되면서 본 사업에 제동이 걸리게 되었다.

2. 제2기 갈등시기(2008년 ~ 2014년)

오색케이블카 설치 갈등은 제2기부터 본격적으로 시작되었다고 할 수 있다. 갈등의 발단은 2008년 4월에 「동서남해안권발전특별법」에서 삭도(케이블카) 설치에 대한 규제가 완화되었는데, 여기에 동해안의 설악산국립공원이 제외된 것이다. 이에 강원도 차원에서 오색케이블카 설치에 대한 TF를 가동하고, 확고한 오색케이블카 추진 의사를 밝혔다. TF의 사업 진행을 위한 수정안 작성 및 주민공청회를 통하여 기존 오색~대청봉 구간(4.7km)을 오색~관모능선(4.5km)으로 노선 변경하여 환경부에 설치 신청하고, 양양군에서는 범군민 서명운동을 진행하는 등 적극적인 노력을 기울였다. 이처럼 그동안 지적되었던 부분들을 보완하여 오색~관모능선 구간으로 최종 신청하였으나 2012년 환경부 국립공원위원회에서 이를 부결한다. 그 이유는 상부정류장과 대청봉의 거리가 너무 가깝다는 것이었다. 이에 양양군에서는 상부정류장을 기존 상신안의 위치에서 1km 정도 떨어진 곳으로 수정하고 재심의를 올렸으나 2013년 상신안이 다시 부결됨으로써 갈등은 점점 심화되었다. 결국 상하부 정류장의 위치를 모두 바꾸어 종점을 대청봉에서 직선거리로 1.4km가량 떨어진 끝청으로 하고 재심의를 올린 결과 2015년 조건부 가결이라는 결과를 받았다.

3. 제3기 갈등시기(2015년 ~ 2017년)

제2기 갈등시기에서 보듯이 2015년 환경부의 조건부 가결이라는 결과를 받았음에도 불구하고, 환경부의 심의 가결로 인하여 이를 반대하는 설악산오색케이블카반대 설악권주민대책위원회가 출범하였고, 이들에 의한 오색케이블카 사업 관련 경제성 문서, 환경영향평가서 위조 등의 문제가 발생하였으며, 박근혜정부의 국정농단 사태가 불거지면서 오색케이블카 사업에도 최순실의 이권이 개입되었을 것이라는 의혹이 커지게 되는 등의 악재가 겹치면서 세 번째 갈등시기가 도래한다.

이러한 상황에서 양양군은 일일이 대응자료를 배포하면서 각종 의혹을 차단하고자 하였으나, 엎친 데 덮친 격으로 문화재청 문화재위원회의 오색삭도 설치 안건이 부결(2016. 12. 28.)됨으로써 사업이 무산될 위기에 처했고 이에 양양군은 중앙행정심판위원회(이하 행심위)에 부결 처분 취소에 대한 행정심판을 제기하여 그 갈등이 더욱 증폭되었다. 그러나 행심위가 갈등 인용을 재결 (2017. 6.)함으로써 양양군의 편을 들어주게 되어 갈등이 완화되는 듯 보였지만, 2017년 9월 문화재청에서 행심위의 인용을 번복하고 오색케이블카의 심의를 보류하여 갈등이 재점화되었다. 하지만 2017년 11월 24일 문화재청이 설악산 오색케이블카 문화재현상변경안에 대한 조건부 허가를 함에 따라 양양군은 본격적인 케이블카 사업에 착수할 수 있게 되었다.

〈표 5.1〉 설악산 오색케이블카 설치 관련 갈등 전개과정[4]

시기				전개과정
갈등1기	발단	2000	-	- 양양군, 한국관광공사에 사업 타당성 검토 용역 의뢰
		2001	08	- 설악산 오색~대청봉 구간 케이블카 설치 논란 점화
	증폭	2002	01	- 양양군, 한국관광공사와 협약 체결 → 케이블카 사업의 환경성 검토를 위한 기본계획 수립 진행
			12	- 양양군 주도로 오색~대청봉 케이블카 네티즌에 추진 홍보

---

4 언론보도자료를 정리하여 각 시기별 주요 상황들을 확인한 것이다. 실제 시기에 어떤 일들이 있었는지 확인하고, 시기별 주요 상황들을 정리하는 것이 필요하다. 언론보도자료와 공식적인 보도자료를 활용하는 것이 좋다. 사건일지기법으로 정리하는 경우 장점은 갈등사례의 전체적인 흐름을 알 수 있는 것이며, 단점은 실제 갈등이 복잡하면 정리하기 다소 어렵다는 것이다. 연구자는 보고서나 연구자료에 활용하기 위하여 각 시기별 주요 상황들을 시기별로 정리하는 것이 좋다.

시기			전개과정
		02	– 양양군, 외국 케이블카 선진 사례 견학
		03	– 오색케이블카추진위원회 구성(60개 단체, 100여 명 소속)
	2003	06	– 케이블카 설치 찬반 본격 대립
		07	– 양양군 지역주민 주도로 케이블카 설치 본격 추진 (오색~대청봉 케이블카 설치추진위원회 발대, 서명운동, 공청회 전개 등)
제동	2004	12	– 환경부의 국립공원 케이블카 설치 절차 엄격 제한으로 본 사업 제동 → 자연공원(국립·도립·군립공원) 내 케이블카 설치 검토 및 운영지침 참조
갈등2기	발단	2008 05	– 2008년 4월 동서남해안권발전특별법에 궤도와 삭도 설치규정 완화 → 동해안의 설악산국립공원은 제외되어 갈등 재점화
	증폭	06	– 강원도, 오색케이블카 설치 TF 가동(강원도 관련 부서, 양양군, 한국관광공사, 전문기관, 오색케이블카설치추진위원회 등으로 구성)
		2009 10	– 오색~대청봉 구간(4.7km)을 오색~관모능선(4.5km)으로 노선 변경(환경적 여건 고려) – 양양군, 오색지구 케이블카 설치에 따른 교통대책 용역보고회 및 교통수요 파악, 대책 논의
		2011 06	– 양양군 범군민 서명운동
	심화	2012 05	– 오색케이블카 사업 관련 환경부의 부정적 입장 – 산림청, 유네스코 세계자연유산 등재를 위한 타당성 조사(백두대간 중 남한지역 산줄기) → 케이블카 사업에 악영향 예상
		06	– **환경부 국립공원위원회, 오색케이블카 관련한 설악산공원계획변경안 부결(1차안)**

시기				전개과정
			11	– 양양군, 부결사유 수정·보완하여 환경부에 사업계획서 재제출
		2013	09	**– 환경부 국립공원위원회, 설악산국립공원 삭도 시범사업 부결(2차안)**
		2014	11	– 오색케이블카 노선 변경(오색그린야드호텔 인근~끝청, 3.4km)
	완화		~07	– 오색케이블카 설치 재추진에 따른 찬·반 갈등 심화
		2015	08	**– 환경부 국립공원위원회, 설악산국립공원 삭도 시범사업 안 조건부 가결(3차) → 7건의 수정안 제시**
			10	– 설악산오색케이블카반대 설악권주민대책위원회 출범
	발단		11	– 환경단체 서울행정법원에 "국립공원계획변경처분 무효확인" 소송 제기
갈등 3 기		2016	~11	– 경제성 문서, 환경영향평가서 위조 등의 문제 발생 – 최순실 이권개입 관련 문제 발생 – 각종 크고 작은 갈등 발생 – 원주지방환경청의 환경영향평가 보완 요구
	증폭		12	**– 문화재청 문화재위원회, 설악산 오색삭도 설치 안건 부결 (3차안)**
		2017	02	– 양양군, 문화재청의 오색케이블카 부결 처분 취소에 대한 행정심판 제기
	완화		06	– 중앙행정심판위원회, 오색케이블카 갈등 인용 재결 → 문화재청의 설치 허가 촉구
	재점화		09	– 문화재청 문화재위원회, 오색케이블카 재검토 발표 → 심의 보류(10월 25일 회의에서 허가 여부 처리할 예정)
			11	– 문화재청의 조건부 허가 결정(산양 번식기 야간공사 금지)

시기			전개과정
3기 이후	2018	01	– 10일 설악산 천연보호구역 문화재현상변경허가 취소소송을 위한 시민소송인단 시민 350여 명이 문화재청을 상대로 '설악산 천연보호구역 문화재현상변경허가처분 취소소송' 제기[5]
		03	– 26일 환경부 제도개선위원회의 설악산 오색케이블카 사업 타당성 전면 재검토 발표 – 31일 양양군의회, '환경부 제도개선위원회의 설악산 오색케이블카 사업에 관한 반박 성명서'를 통해 사업의 조속한 추진 촉구[6]
		04	– 설악산케이블카설치사업 추진위원회 결성[7]
		06	– 6·13 지방선거에서 최문순 강원지사 및 김진하 양양군수 재선 성공

---

5 설악산 천연보호구역 문화재현상변경허가 취소소송을 위한 시민소송인단은 '설악산을 지키는 변호사들', '설악산국립공원지키기국민행동' 등 오색케이블카 사업 반대단체와 함께 10일 서울행정법원에 문화재청의 오색케이블카 사업 허가 취소를 요구하는 소장을 제출하였다. 시민소송인단에는 강원도 양양 지역주민과 산악인, 환경운동가, 작가, 교육자 등 350여 명이 함께하였다(한겨레, 2018. 01. 15.).

6 환경정책 제도개선위원회가 '설악산 오색케이블카 설치를 주도한 정부차원의 비밀 태스크포스 존재'를 폭로하며 비정상적으로 추진된 케이블카 사업을 재검증하고 사업 타당성을 전면 재검토해야 한다고 환경부에 권고하였다(강원도민일보, 2018. 03. 31.).

7 설악산 문화재현상변경 행정심판위 인용결정 이후 해산했던 오색케이블카사업추진 민간위원회 재구성을 통해 행정적 절차와 별도로 민간차원의 적극적인 지원활동을 전개하였다(강원도민일보, 2018. 04. 25.).

시기		전개과정
2019	01	- 25일 서울행정법원 행정 6부 산양 28마리를 원고로 동물권 연구 변호사단체인 PNR(People for Non-human Rights)이 주도한 문화재청장 상대로 제기한 국가지정 문화재현상변경 허가 처분 취소소송 각하[8] - 31일 양양군·환경부 국립공원계획 변경 승인 처분 무효소송 승소 - 환경영향평가 재협의 착수(원주지방환경청)

4. 행정심판 이후 최근 주요 갈등 이슈(2018년 ~ 현재)

1) 설악산 케이블카 부정 허가 관련 논란(2018. 03.)

환경부 환경정책제도개선위원회(이하 '제도개선위'라 함)는 2017년 11월 이명박·박근혜 정권 9년간 환경부의 폐단을 조사·진단하고 불합리한 관행과 제도를 개선하고자 외부 위원 20인으로 구성된 위원회이다. 제도개선위는 환경영향평가가 진행 중인 설악산 케이블카 사업은 과거 국립공원위원회에서 2차례 사업승인을 받지 못했지만 재추진된 사업으로, 그 배경에 '2014년 전국경제인연합회(전경련)의 정책 건의와 제6차 무역투자진흥회의에서 박근혜 전 대통령의 지시가 있었다'고 밝혔다. 또한 당시 환경부가 케

---

8 자연물에 불과한 산양은 사건을 수행할 당사자 능력이 없다는 판단으로 산양의 원고 자격을 불인정하였다(서울경제, 2019. 01. 25.).

이블카 사업이 국립공원위에서 통과하도록 별도의 '삭도(케이블카) 비밀 TF'를 구성·운영하고, 해당 TF가 국립공원위 심의자료인 민간전문위원회 종합검토보고서 작성에 관여한 사실을 확인했으며, 민간전문위 검토보고서가 허위로 작성되도록 지원하는 등 사업이 승인되는 데 중요한 영향을 미쳤다는 것이다.

이에 제도개선위는 비정상적으로 추진된 케이블카 사업을 재검증하고 사업 타당성을 전면 재검토해야 한다고 요구했다. 이런 절차가 끝날 때까지 환경영향평가 협의에 나서지 말아 줄 것을 환경부에 권고하였다.

이에 양양군은 28일 제도개선위의 발표가 사실왜곡이라며 정면반박하였다. 양양군은 "TF팀은 비밀리에 운영되지 않았으며, 민간전문위원회에서 사업계획을 검증할 수 있도록 위원회 운영을 지원하고 환경단체(당시 국립공원케이블카 반대 범국민대책위원회) 및 양양군 의견수렴, 현지조사 지원 등을 통해 공개적으로 운영됐다"고 주장하였다. 또한 "설악산 오색케이블카 사업은 특정 정부에서 즉흥적으로 추진된 사업이 아니라 지난 20년 동안 각계각층의 의견을 수렴하는 등 사회적 합의를 통해 이루어진 사업이며 국정조사 및 행정심판위원회에서도 검증을 받은 정상적인 사업으로 '적폐사업'으로 치부하는 것은 어불성설"이라고 강조하였다.

또 "과거 정부가 결정한 정책에 대해 적폐라는 이름으로 재검토하고 부동의하라고 요구하는 것은 민주주의와 정부 연속성을 부정하고 정부 불신을 자초하는 행위"라며 "군민 공감대를 바탕으로 행정소송 등 법적 절차를 통해 문제를 풀어 가겠다"고 밝혔다. 이러한 양양군의 반박에 양양군의회 역시 반박성명서를 통해 사업의 조속한 추진을 촉구하였다.

지역주민들 역시 이러한 양양군과 의회에 힘을 실어 주고 있다. 양양군번영회는 제도개선위원회 위원들이 환경운동가 출신이 많기 때문에 위원회 자격이 없다는 입장이다. 지난 문화재청 현상변경 불허 역시 이해관계가 있는 위원이 참여하면서 문제가 됐던 적이 있다며 환경부는 공정하지 못한 위원회를 아예 해체해야 한다고 주장하였다. 정준화 양양군번영회장은 "툭하면 적폐청산이라고 하는데 경강선 철도 건설도 적폐 사업인지 반문하고 싶다"고 하였다. 이어 "속초와 인제 등 설악권 주민 2,000여 명이 참가하는 서울 집회를 열겠다"고 밝혔다.

2) 국립공원계획 변경처분 무효확인 소송 기각 결정

2019년 1월 31일 서울행정법원 행정 제5부는 환경단체 관계자 798명이 환경부장관을 상대로 낸 국립공원계획 변경처분 무효확인 소송 1심 선고에서 기각 결정 판결을 내렸다. 이로 인해 양양군은 설악산 오색삭도 설치 사업 추진에 박차를 가할 수 있게 되었다(강원매일신문, 2019. 02. 11.). 이는 오색케이블카 사업의 시작점인 국립공원계획 변경신청이 적법하게 이루어졌다는 것을 의미하는 것으로 오색케이블카 사업의 절차적 정당성을 부여하는 것이라 할 수 있다. 양양군은 설악산국립공원 오색삭도 설치 사업의 양대 근간인 국립공원계획 변경처분 무효확인 소송에서 승소함으로써 정상적인 사업 추진을 위한 확고한 법적 입지를 확보하게 되었다. 이로써 2017년 문화재청 문화재위원회의 조건부 승인까지 받은 상황에서 원주지방환경청의 환경영향평가 본안 보완사항에 대한 결정을 받게 된다면, 백두대간 개발행위, 공원사업시행허가 등 남아 있는 개별 인·허가 절차만 통과하면 오색케이블카 사업이 완성된다고 할 수 있다. 단, 산림청의 백두대간 개발행위 사전협의 국유림 사용 허가과정에서 사업에 제동이 걸릴 우려가 있다(강원일보, 2019. 02. 01.).

원주환경청이 당시 요구한 보완 요청은 모두 16개 분야 38개 항목으로 탐방객들의 탐방로 이탈 방지대책, 산양 등 멸종위기종의 보호대책, 시설 안전대책, 환경영향에 대한 사후 모니터링, 삭

오색케이블카 사업 추진 흐름도

① 국립공원계획 변경신청(사업자) → ② 결정(국립공원위원회 및 환경부) → ③ 환경영향평가서 제출(사업자) → ④ 결정(지방환경청) → ⑤ 문화재현상변경허가신청(사업자) → ⑥ **결정(문화재위원회 및 문화재청)** → ⑦ 백두대간 개발행위 사전협의, 산지일시사용허가 및 국유림 사용허가신청(사업자) → ⑧ 결정(산림청) → ⑨ 공원사업시행허가신청 → ⑩ 결정(국립공원관리공단) → ⑪ 시공사 선정(사업자) → ⑫ 착공(공사기간 약 15개월)

도 상부 식물 보호대책 등이다. 강원도는 현재 보완자료 작성을 98%가량 마쳤으며 이달 중 원주환경청에 제출할 예정이다. 원주환경청이 보완서에 대해 45일간의 심의를 마치면 2년 6개월간의 환경영향평가가 종료된다.

Ⅲ. 갈등주체별 입장

오색케이블카 설치 사업은 강원도와 양양군[9]이 주도하여 진행하는 사안이며, 이를 지지하는 입장을 보이는 주요 주체는 양양의 지역경제 활성화와 설악권 공동화를 반대하는 단체들로 구성되어 있다. 반면 사업을 반대하는 주요 주체인 환경단체와 종교단체 등에서는 케이블카의 지역경제 활성화는 과거에 머물러 있는 후진적 발상이며, 자연을 돈벌이의 수단으로 생각해서는 안 된다는 단호한 입장을 고수하고 있다.

〈표 5.2〉 설악산 오색케이블카 설치 관련 갈등의 시기별 찬/반 입장 정리

시기	입장	갈등주체	주요 입장
갈등 1 기	설치 찬성	강원도/강원도의회 양양군/양양군의회	- 오색~대청봉 구간의 환경오염을 방지하기 위해 케이블카 설치 필요 - 침체된 지역경제 활성화에 긍정적인 영향 예상

---

9 이해관계자 파악 및 분석에서 세부 내용을 정리하였다.

시기	입장	갈등주체	주요 입장
			– 장애인, 노약자, 시간 제약이 있는 외국인 여행객 등의 등반 편의성 제공 – 금강산 개발로 인한 설악산 공동화(空洞化) 현상 방지
		양양군번영회 설악권번영협의회 (속초, 인제, 고성, 양양)	– 양양을 비롯하여 침체된 설악권 경기 활성화를 위해서 케이블카 설치 필요 – 기타 환경관리주식회사 양양사업소, 새마을지도자 양양군협의회 등의 지역단체들도 상기의 찬성 입장들을 지지하고 있음
	설치 반대	설악녹색연합	– 케이블카 설치로 환경문제를 해결할 수 없음 – 등산의 목적이 무엇인지 고민하고, 근본적인 문제를 해결해야 함
		속초고성양양 환경운동연합	– 케이블카를 설치하면 설악산의 자연을 오히려 훼손하게 됨
갈등 2 기	설치 찬성	강원도/강원도의회 양양군/양양군의회	– 동서남해안권발전특별법의 삭도 설치규정 완화에서 동해안의 설악산국립공원이 제외된 것에 대한 대응을 위해 TF 가동 – TF팀은 강원도 관련 부서, 양양군, 한국관광공사, 전문기관, 오색케이블카설치추진위 등으로 구성하고 한 달에 1~2번씩 회의 – 환경적 여건을 고려하여 오색~대청봉 구간을 오색~관모능선 쪽으로 노선 변경 결의 – 케이블카는 산악형 국립공원에서 친환경적이고 경제적인 이동수단임
		오색대청봉케이블카 설치추진위원회	– 오색~대청봉 간 탐방로 및 자연보호, 환경훼손의 최소화 – 설악산 대청봉의 첫 마을인 오색2리의 국제적 명품 산악관광명소 조성

시기	입장	갈등주체	주요 입장
		양양군번영회 설악권번영협의회 (속초, 인제, 고성, 양양)	– 기존의 찬성 입장 고수
	설치 반대	녹색연합 국민행동 강원행동 설악산케이블카 설치 반대 설악권 주민대책위원회 기타 종교단체 등	– 자연공원케이블카 반대 범국민대책위원회가 실시 한 생태조사와 양양군이 제출한 보고서가 상이함 – 멸종위기종인 산양 및 희귀동물들의 주요 서식 지에 케이블카 설치는 불가함 – 자연을 돈벌이로 생각해서는 안 됨 – 땅과 산을 온전히 보존해야 함 – 설악산국립공원은 천연보호구역 등 5개 이상의 보호구역으로 지정된 곳이므로 설악산 보존이 최우선이 되어야 함
갈 등 3 기	설치 찬성	강원도/강원도의회 양양군/양양군의회	– 케이블카를 설치해야 하는 이유는 기존의 입장 과 동일 – 심의과정에서 문제가 있는 부분은 끊임없이 수 정·보완하여 끝까지 설치를 관철시킬 것
		양양군번영회	– 케이블카 설치는 양양군 지역주민의 20년 숙원 – 최순실 이권개입 의혹 등 지역 숙원 사업을 짓밟 은 강원도와 양양군의 해명과 사과를 요구
		한국지체장애인협회	– "장애인도 국립공원 정상에 올라 내려다보는 즐 거움을 누리고, 푸른 바다를 보며 감정을 나누는 등 자연이 주는 혜택을 누릴 수 있어야 한다." – "설악산 오색케이블카는 차별과 편견에 지친 250만 장애인의 심신을 치유할 수 있는 시설이 될 것으로 확신한다."(성명서 중 일부 발췌)
		설악산 오색케이블카 비상대책위원회	– 양양지역 주민들로 구성된 단체 – 행정심판위원회의 인용재결 취지에 따라 문화재 청에서 조속히 설치 허가 처분할 것을 요구

시기	입장	갈등주체	주요 입장
		설악산 오색케이블카 설치사업추진위원회	– 설악산 오색케이블카 비상대책위원회가 행정심 판 결과 이후 해체된 이후, 적폐논란으로 인한 사업중단 요구 등에 민간차원에서의 대응을 위 해 위원회 재구성(2018. 04. 25.)
	설치 반대	국민행동 강원행동 설악산케이블카 설치 반대 설악권 주민대책위원회 미래양양시민연대	– 속초, 인제, 양양, 고성군 등 설악권 4개 시/군의 환경·시민단체와 주민들로 결성(대부분 갈등 1, 2 기의 반대 주체들임) – 환경부가 승인한 오색케이블카의 원천무효 선언 과 강원도지사 및 양양군수 규탄 – 설악산국립공원계획변경고시 결정 철회 소송 준비 – 문화재현상변경 과정에 적극 개입

위의 표에서 보듯이 오색케이블카 설치 사업의 주체인 강원도
와 양양군에서는 심의결과가 부결될 때마다 규정에 맞도록 수정·
보완 작업을 거쳐서 지속적으로 설치에 대한 확고한 의지를 내비
치고 있다. 양양군번영회를 비롯한 양양주민들의 몇몇 단체와 속
초, 인제, 고성, 양양군 지역주민으로 구성된 설악권번영협의회에
서도 사업 추진을 시작한 초창기부터 이 사업을 지지하고 있다. 찬
성 집단들은 케이블카설치추진위원회나 비상대책위원회 등을 별
도로 조직하여 본 사업 관철을 위해 힘쓰고 있음을 알 수 있다.

반면, 오색케이블카 설치 반대의 주요 집단으로는 녹색연합,
속초고성양양환경운동연합, 국민행동, 강원행동, 그리고 설악산

케이블카설치반대 설악권주민대책위원회의 다섯 개 단체이다. 기타 종교단체나 군소 환경단체, 민주사회를 위한 변호사모임, 설악산을 지키는 변호사모임 등이 설치 반대 입장에서 위 단체들을 지지하기도 하고, 별도로 반대 입장의 지역주민들과 함께 소송을 제기하기도 하였다.[10]

5.3 갈등자료 활용

1 기초 데이터로 활용

공존협력연구소에서 제공하는 보도자료 수집 DB와 연구자가 수집하는 갈등과 관련한 언론보도자료 수집 데이터는 제2장에서 소개한 소셜플랫폼 분석 채널을 활용하여 분석할 수 있다.

이 책에서 소개한 텍스톰의 경우 홈페이지 내에서 보유 데이터

---

10 갈등주체별 입장은 갈등과 관련한 언론보도자료, 인터뷰 자료, 모니터링 자료 등을 활용할 수 있다. 정보를 수집하는 방법은 이 책에서 설명한 갈등분석을 위한 정보 확인에서 살펴볼 수 있다. 보조자료, 개인인터뷰 자료 등을 확인할 수 있다. 실제 자료수집방법은 제2장에서 자세하게 설명하였다.

[그림 5.6] 갈등DB 수립 예시

번호	날짜	신문사이름	사례명	사례유형	갈등 발생 장소 (광역)(1)	갈등 발생 장소 (광역)(2)	갈등 발생 장소 (광역)(3)	갈등 발생 장소 (기초)	유형1(분야별) 경제, 계층, 교육, 노동, 복지, 세대, 이념, 지역, 환경 등	유형2(분야별) 경제, 계층, 교육, 노동, 복지, 세대, 이념, 지역, 환경 등	주체별 분류(민민, 관관, 민관, 혼합)	유형 (특성별) 이해, 가치, 혼합(이해+가치)	링크
3834	20170626	문화일보	학부모 "아이들 정치싸움 볼모 안된다"	교육정책	지역불특정				교육	이념	혼합갈등	혼합갈등	
3835	20170626	국민일보	"자사고 폐지 철회" 학부모들 거센 반발	교육정책	지역불특정				교육	이념	혼합갈등	혼합갈등	
3836	20170626	세계일보	[이슈&현장] '수월성' vs '형평성' … 혼란에 빠진 교육현장	교육정책	지역불특정				교육	이념	혼합갈등	혼합갈등	
3837	20170627	서울신문	3년 뒤 지정 해제 앞둔 도시공원 민간 개발 둘러싸고 갈등	부동산정책	지역불특정				지역	경제	혼합갈등	혼합갈등	
3838	20170627	한국일보	[2017 갈등 리포트] "도박은 병, 폐쇄하라" "합법인데 나가라니" 1500일의 싸움	시설입지_레저/문화시설	지역불특정				지역	이념	민관갈등	혼합갈등	
3839	20170627	문화일보	노동계 곳곳 '총파업' 봇물터졌다	노사갈등	지역불특정				노동	경제	혼합갈등	혼합갈등	
3840	20170627	문화일보	대구공항 유치 군위군수 주민소환 본격화	시설입지_공항	경상북도			군위	지역	환경	혼합갈등	혼합갈등	
3841	20170627	중앙일보	[속보]대구공항 이전 갈등, 경북 군위군수 주민소환 운동으로 번졌다	시설입지_공항	경상북도			군위	지역	환경	혼합갈등	혼합갈등	
3842	20170627	경향신문	"이마트 '노브랜드' 입점은 골목상권 침탈"--이마트 본사 앞으로 몰려간 상인들	시설입지_복합상가/SSM	지역불특정				지역	경제	혼합갈등	혼합갈등	
3843	20170627	경향신문	"소성리 마을회관 못 지나간다"--사드 찬반 단체 성주골프장 인근서 강대강 대치	시설입지_군관련시설	경상북도			성주군	지역	이념	민민갈등	혼합갈등	
3844	20170628	세계일보	생계와 민원사이… 지자체 노점상 단속 '딜레마'	노점상갈등	서울시			강북구	지역	계층	민관갈등	이해갈등	
3845	20170628	매일일보	거창국제연극제', 분산 개최 위기	기관간갈등	경상남도			거창군	지역	경제	민관갈등	이해갈등	
3846	20170628	문화일보	서울시 - 강남구, 이번엔 은마아파트 재건축 층수 갈등	기관간갈등	서울시			강남구	지역	지역	관관갈등	이해갈등	
3847	20170628	한국일보	뜨거운 감자 '새마을'… 구미시, 시민단체와 갈등 심화	건설정책	구미시				지역	이념	민관갈등	혼합갈등	
3848	20170629	매일일보	경영계-노동계, 최저임금 1만원 인상 놓고 갈등 심화	경제갈등	지역불특정				노동	경제	혼합갈등	혼합갈등	
3849	20170701	경향신문	울산 아파트 옥상서 관리소장 목매 숨져…'입주민대표와 갈등' 유서	공동주택_주택관리갈등	울산광역시			남구	노동	계층	민민갈등	이해갈등	http://news.khan.co.kr/kh_news/khan_art_view.html?artid=201707020745001
3850	20170702	경향신문	한미 정상 만났지만 '한미 FTA 재협상' 갈등은 여전	외교분쟁_FTA	지역불특정				경제		관관갈등	혼합갈등	http://biz.khan.co.kr/khan_art_view.html?artid=201707021327001&code=920
3851	20170702	중앙일보	서울시와 정부의 예산 갈등에 학대받은 어린이 갈 곳이 서울엔 없다	기관간갈등	서울특별시				복지	경제	관관갈등	혼합갈등	http://news.joins.com/article/21720131
3852	20170702	경향신문	입주민 대표와 갈등' 아파트 관리소장 목숨 끊어	공동주택_주택관리갈등	울산광역시			남구	노동	계층	민민갈등	이해갈등	http://news.khan.co.kr/kh_news/khan_art_view.html?artid=201707022230005
3853	20170703	중앙일보	서울시.정부 예산 갈등에… 학대받은 아이 쉼터, 서울 0	기관간갈등	서울특별시				복지	경제	관관갈등	혼합갈등	http://news.joins.com/article/21720915
3854	20170703	아시아투데이	아파트 관리소장, 입주민 대표와이 갈등으로 목숨 끊어	공동주택_주택관리갈등	울산광역시			남구	노동	계층	민민갈등	이해갈등	http://www.asiatoday.co.kr/view.php?key=20170703000641123
3855	20170703	세계일보	임대주택 임대료 인상 놓고 건설사.입주민 갈등	공동주택_임대료조정갈등	광주광역시			광산구	경제		민민갈등	이해갈등	http://www.segye.com/newsView/20170703003391
3856	20170705	중앙일보	서울숲길에 프랜차이즈 입점 제한 놓고 구청-건물주 갈등	시설입지_복합상가/SSM	서울특별시			성동구	지역	경제	민관갈등	이해갈등	http://news.joins.com/article/21728581
3857	20170705	내일신문	[아파트 입주단지마다 부실시공 갈등] 4개 단지 중 1곳, 하자 소송으로 몸살	공동주택_주택관리갈등	지역불특정				경제		민민갈등	이해갈등	http://www.naeil.com/news_view/?id_art=242927
3858	20170705	매일일보	부여군, 가축분뇨 신재생 에너지화 보조금 사업 표류…주민 갈등 최고조	시설입지_재생에너지	충청남도			부여군	환경	경제	혼합갈등	혼합갈등	http://www.m-i.kr/news/articleView.html?idxno=323973

를 활용하여 다양한 분석을 진행할 수 있다. 보유 데이터는 연구자가 직접 수집한 엑셀 보도자료를 비롯하여 공존협력연구소 DB의 전국신문 및 지역신문의 언론보도 DB를 활용할 수도 있다. 신문기사 제목을 기초자료로 하여 네트워크 분석, 토픽 모델링 등의 분석을 진행할 수 있다.

또한 기존의 통계패키지를 사용하여 DB를 자료로 활용하는 것도 가능하다. 갈등은 주로 텍스트 네트워크나 비주얼 네트워크 분석 등을 활용할 수 있다. 이 책에서는 통계패키지를 활용하기 위한 기초 데이터를 구축하는 방법을 소개한다. 통계패키지를 활용하는 것은 이 책에서 소개하지 않는다. 기초 데이터는 보통 언론보도자료를 수집하는 것을 말한다. 언론보도자료를 엑셀프로그램을 활용하여 수집하는 것이 좋고, 각 분류별 기준을 세워 둘 필요가 있다.

공존협력연구소가 구축한 갈등 기초 데이터는 날짜, 신문사명, 사례명, 사례유형, 갈등발생장소(광역-기초), 갈등주체별 분류(민민, 민관, 관관 갈등), 갈등의 유형(이익, 가치, 혼합 등)으로 구분하고 있다. 이렇게 구축된 갈등DB는 실제 통계분석의 기초자료로 활용될 수 있다. 관련한 분석은 갈등연구방법론에서는 따로 다루지 않으며, 통계방법론 등에서 다룬다.

2 논문 내 자료로 활용

이 책에서 제공하는 자료 중 갈등인터뷰는 실제 논문으로 활용하기 적절하다. 갈등은 현장의 특성을 보이고 있어, 현장을 이해하는 인터뷰를 실시한 이후 인식을 분석하거나 갈등당사자들의 프레임 등을 분석하는 연구를 통해서 갈등인터뷰 자료를 논문으로 변형할 수 있다.

갈등상황의 현장 이야기를 청취하기 위한 방법으로 갈등상황을 인터뷰하여 논문에 삽입하는 방식으로 갈등현장을 다룰 수도 있다. 프레임 분석은 갈등의 인식 차이를 비교할 수 있는 조사방법으로, 인터뷰 자료와 인터뷰 녹취록을 활용할 수 있다. 이 책에서는 갈등 모니터링 자료를 다룬 제2장에서 인터뷰를 하는 방법을 소개하였다.

또한 이 책에서 제공하는 자료 중 갈등체크리스트를 활용하여 논문으로 만들 수 있다. 일반적인 논문의 작성 흐름과 비교했을 때, 갈등체크리스트를 활용한 논문은 연구대상 선정단계부터 다소 차이가 있다. 논문 작성을 위한 연구주제 선정, 이론적 검토, 선행연구 검토를 통해 연구대상에 대한 문헌(이론 검토 포함)조사가 수행된다. 이후 연구대상에 대한 자료수집과 수집된 자료를 분석 및 해석함으로써 함의를 제시한다.

[그림 5.7] 논문 작성 흐름도

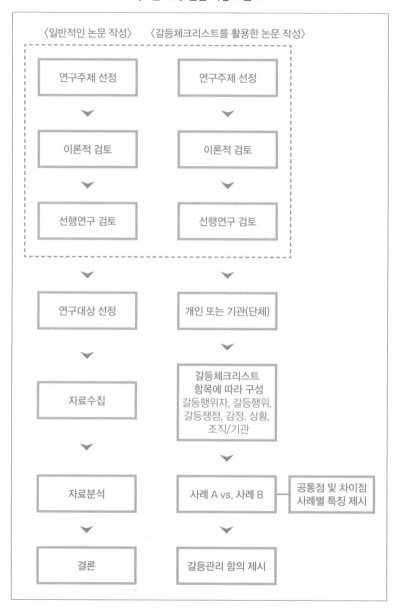

갈등체크리스트를 활용하여 논문을 작성하기 위해서는 우선 연구대상을 개인 또는 기관 중에서 선정해야 한다. 만약 기관을 연구대상으로 선정할 경우 단일 기관이 아닌 복수의 기관(2개 이상)을 선정함으로써 기관 간 비교연구를 수행해야 한다. 갈등체크리스트가 제공한 항목에 따라 선정된 기관의 특징을 수집하고 수집된 자료를 분석하는데, 공통점과 차이점 등을 구별하고 사례별 특징을 제시하여 사례가 갖는 특수성을 확인할 수 있다. 분석을 종합하여 기관의 갈등관리역량 향상, 갈등관리방안, 갈등관리제도 구축 등 갈등관리 측면 등을 제시하면 된다.

찾아보기